学习没有那么难

✕密码学习法

张玉霞 —— 著

图书在版编目（CIP）数据

学习没有那么难：×密码学习法 / 张玉霞著 .
北京：北京联合出版公司，2025.3. --ISBN 978-7
-5596-8084-6

Ⅰ . G632.46

中国国家版本馆 CIP 数据核字第 2024P2Y293 号

学习没有那么难：×密码学习法

作　　者：张玉霞
出 品 人：赵红仕
选题策划：北京时代光华图书有限公司
责任编辑：邓　晨
特约编辑：孟春燕
封面设计：济南新艺书文化

北京联合出版公司出版
（北京市西城区德外大街 83 号楼 9 层　　100088）
北京时代光华图书有限公司发行
文畅阁印刷有限公司印刷　　新华书店经销
字数 218 千字　　787 毫米 ×1092 毫米　　1/16　　18 印张
2025 年 3 月第 1 版　　2025 年 3 月第 1 次印刷
ISBN 978-7-5596-8084-6
定价：68.00 元

版权所有，侵权必究
未经书面许可，不得以任何方式转载、复制、翻印本书部分或全部内容
本书若有质量问题，请与本社图书销售中心联系调换。电话：010-82894445

　　人们总是见"√"欣喜,谈"×"色变,殊不知,每一个×都是送分的信使,它精准定位失分的源头,明确指出提分的方向。破译×密码,就是推开提分之门,高分自然不在话下。

推荐语

曾奇峰｜武汉中德心理医院首任院长｜

素质教育和应试教育并不是矛盾的，前者的内涵高于或者包括后者。高素质者本来就应该拥有高水平的、稳定的应试能力。

张玉霞老师的这本书，从表面上看，讲的是在考试中得高分的方法，往深处想，讲的是父母与孩子的关系、人格的健康发展，以及有成就的人生。那些应试小技巧，初看是技，细看则近乎艺与道。

对人最好的定义是：一种有无限可能的未完成品。张老师展示的在考试方面的创造力，可以使这种"可能"朝着更高、更辉煌的方向迈进一大步。

周垠畴｜清华大学｜

开始系统地接触×密码学习法是在高二下学期的后半段。可以说，它直接或间接地影响了我人生的一个关键节点和其后的关键阶段。

这一个关键节点就是大学保送考试。对此，×密码学习法给予我的，一是心理支持，二是系统化的学习思维。其后的关键阶段指的自然是大学本科阶段。通过保送考试进入清华大学后，×密码学习法对我安排学习时间、学习各学科等依然有帮助。

顾子轩｜清华大学｜

学习是勤奋与方法的总和，而方法并不局限于具体的技巧，其中更需要系统性的学习思维与对学习本身的认知。

从高二第一次接触×密码学习法到在实践中逐步加深对它的理解，我对×密码学习法的关注点逐渐从表面的方法，转到了其中蕴含的系统性学习思维上。在×密码学习法的引导下，时至今日，无论是面对大小考试，还是应对生活中的种种难题，我都可以用思维战胜问题，以不变应万变。

韩雨希｜清华大学｜

我认为×密码学习法能卓有成效地帮助我们调整心态。它把学习过程从盲目地凭感觉摸索变为有条理地按照方法和思维进行实践，且能教会我们及时发现问题、正确认识问题、有效解决问题，从而避免重蹈覆辙。×密码学习法的实践性很强，掌握这套学习策略后，我更踏实了，才没有被焦虑与压力击垮。

李一佳｜清华大学｜

大脑是学习的工具。认知科学致力于大脑工作规律的研究，×密码正是基于脑科学和认知科学的学习策略，它让我第一次了解了大脑的奥秘，为我认识并改进自己的学习流程提供了崭新的视角。

郭子锐｜清华大学｜

错误给你带来的，绝不该只是不好的心情。

推荐语

高远 | 北京大学 |

2017 年进入武汉外国语学校时，我幸运地认识了张玉霞老师，接触了 × 密码学习法，完成了从"跟着老师学习"到"自主学习"的思维转变。我逐渐从自身存在的问题中找到了适合自身发展的学习方法，并持之以恒地将其运用到学习中。考上理想大学的目标实现后，我依然运用 × 密码学习法提高知识储备能力，让自己的语言学习特长得到了更充分的发挥，人也更加自信了。× 密码学习法让我和父母的思想在学习与生活中的更多方面达成了一致，我们之间有了更良性的沟通，我对自己的未来也有了更热切的展望。

李尔佳 | 北京大学 |

高三前的暑假，我第一次接触 × 密码学习法。在那之前，我脱离了学校正常的复习进度，自己准备数学竞赛，以至于在回归高考复习的初期有许多不适应，成绩波动也非常大。是 × 密码学习法帮我冷静地分析了我的问题和优势，建立了正确的心态，让我在高三的长跑中逐渐找到良好的状态，最终如愿考入北大。

舒博文 | 北京大学 |

就我的体会而言，× 密码学习法的一个重要特点就是便于我快速领悟，可以让我在时间并不充裕的情况下掌握其精髓，并将其应用到中高考之中。高考前 50 天左右，我才开始接触 × 密码学习法课程。在短短一个多月里，我实现了思维习惯、考试心态、精力调整、错题分析等方面的飞跃。× 密码学习法有效地助力我把学习意愿和用力方向结合起来，让我在考场上心态更平和，发挥更稳定。

知己相见不恨晚。无论从什么时候开始学习×密码学习法，我们都能根据自己的需要，从中获得有益的滋养。

童佳琪｜北京大学｜

普通人喜欢用一招打遍天下，而高手善于构建自己的知识体系。

×密码学习法的可复制性强，应用范围广。其中蕴含的学习思维从来没有让我产生"我一定学不会这个知识点"的想法，而是帮我从了解知识基础出发，构建知识体系。

左丁元｜北京师范大学｜

初三下学期，我开始接触×密码学习法。通过运用这套学习策略认真分析每一次作业、周测，我摆脱了迷茫的状态，分数也慢慢得到提高。我最终扛住了压力，圆梦武汉外国语学校。

在高中阶段，这套学习策略保证了我在学习过程中每一个环节的思考品质和效益，使我的学科体系更完整，学习效率更高。在高三总结性复习时，我拥有了出题人思维，做到了能够根据一道题的答案拓展出答题模型，这大大提高了我的学习效能。

无论你正处于中学阶段，还是已经进入大学或者职场，×密码学习法都会对你的发展起到积极作用。

王雨禾｜南京大学｜

在高二一次期中考试失败后，我开始接触×密码学习法。与其说它教会我的是一套学习策略，不如说它让我看到了一个学习习惯体系。张玉霞老师说过："只有知道错了，才能另辟蹊径，抵达目的地。"×密码学习法帮我意识到了自己无意识中形成的坏习惯，引导我在之后的学习过程中不断改进、提升。

周美含｜大连理工大学｜

张玉霞老师说："我们一直在学习，却没有人告诉我们应该怎么学习。"×密码学习法，是她利用武汉外国语学校"牛娃"聚集的优势，博采众长，并结合最新脑科学和认知科学的专业知识，打造出的一套系统化的学习策略。我很庆幸能够站在她的肩膀上，看到学霸的成功秘籍。

×密码学习法不仅帮助我提高了学习成绩，更使我养成了良好的听课习惯、做题习惯、纠错习惯，以及正确的学习观念，从而形成了自己体系化的学习方式。学习×密码学习法后，你会惊奇地发现，学习是多么轻松和有趣的事。

叶芊树｜新加坡莱佛士书院｜

初三的时候，在张玉霞老师的帮助下，我学会运用×密码学习法，能够深刻、清晰地记住知识，并能够将知识分门别类、逻辑清晰地安放在大脑中，形成完整的知识体系。因此，我解题的速度提高了，而且能在每次对错误进行反思后对症下药，让我的学习变得更高效。

现在，我进入了新的学习环境，依然能取得不错的成绩。

×密码学习法，让我在学习中变得主动、有把握，也让我不断地自我"更新"，终身受益。

推荐序一

面对现实

我在工作之余,对老师给学生的常见评语,比如,"上进心不强""勤奋""马虎"等进行了一些研究。其中透露出很多人已经认识到的问题——这样的评语缺乏个性,也将学生描述得缺乏个性。更为重要的是,我们可以从中看到老师与学生之间存在很明显的距离,这样的距离不是物理空间上的,而是心理层面上的。一些老师与学生朝夕相处,却没有真正地了解学生。张玉霞的这本书给我的最初感受是,她了解并理解学生。

心理咨询的起源之一是学习指导。人们在提升学习能力的过程中,发现了非智力因素对学习的影响,催生了以处理情绪问题为中心的心理咨询。为了显示进步性和专业性,许多心理咨询师会"排斥"学习指导。很有意思的是,张玉霞走的是从学习指导到心理咨询,又从心理咨询到学习指导的辩证之路。驱动这个过程发展的动力,来自面对现实。一味强调所谓的专业性,是对现实的逃避,最终会影响真正专业性的深度发展。

大家一直在不停地说要"面对现实",其实这就意味着很多人一直都没有做到这一点，而没有做到的原因就是做到这一点太难。

学生有焦虑、恐惧，说明他们在面对现实；此时，心理咨询师的工作就是跟学生一起面对他们的情绪和他们所面对的现实。要做好这样的工作，心理咨询师首先要面对自己的心理现实。

与面对现实不同的是打发、敷衍，包括否认、回避现实，基于经验和想象指导学生，给他们苍白的支持与安慰。很多家长、老师用一句"粗心"就掩盖了学生要面对的实际困难。学生本来很烦恼，希望得到切实的帮助，结果家长、老师却没有耐心真正了解他们、关心他们，不仅不给予他们所需要的帮助，还常常指责、批评他们。久而久之，学生不再向大人诉说，于是很多家长又埋怨他们什么都不跟自己说，学生在为学习烦恼之余，还要为如何应对家长而苦恼。

还有一种常见的情况是，大人拿自己的"成功"经历说事，殊不知很多时候，那些"老皇历"对于解决学生的现实问题并无助益。一些大人自认为不用深入探究就能了解学生的困境，武断地认为现在的大部分学生什么道理都不懂，于是反复给学生讲道理，把他们当成是幼稚的、没记性的人。他们当然会感觉很烦，也容易叛逆，可这个道理一些大人似乎始终不懂。

大人要面对自己，对自己和孩子的关系进行觉察与反思。张玉霞所做的，就是沉下来，把自己按在椅子上，关上门，将注意力集中在学生身上，一点一点了解学生，约束自己不随意评价、说教。如此，张玉霞看到了学生身上的实际问题，以及这些问题与学生的学习能力、学习方法、情绪、意志等非智力因素之间的必然联系，与他们父母、老师的态度也是分不开的……这本书就是在这些发现的基础上进行的卓有成效的探索成果。

作为学校的心理咨询师，进入学习指导领域是张玉霞的责任，也是她面对现实的必然选择。她的独特视角和具体实践为学习指导领域做出了特别的

推荐序一　面对现实

贡献。在探究心理的路上，张玉霞涉猎的领域很多，有许多发现，这些都是宝贵的，也都一一呈现在了本书中。希望读者能通过阅读受到启发，以新的姿态回到自己的现实中。

吴和鸣

中国地质大学（武汉）应用心理学研究所

推荐序二

用心探索教育的内涵

本书作者张玉霞是一名资深心理辅导教师,深耕中学生心理健康教育多年,近年来专注于学生的学业困扰、考试焦虑等心理健康与发展领域的研究与实践。她在教育、教学过程中探索创新,结合自己与女儿的互动历程,将生活智慧转化为心育智慧,在中学生学习方法研究方面深有心得,成绩斐然。早在 2015 年,张玉霞老师提出的 × 密码学习法就以其独到的见解,在武汉外国语学校的学生和家长中引起了不小的反响。× 密码学习法的延续与发展,可视为其研究和实践成果的汇聚。

对学习和教学过程微观、深入的探索,体现了学习心理学中情绪调节与思维提升的融合。

本书论述的主题——如何让学生掌握高效的学习方法,是当前我国学生发展指导的核心问题之一,具有非常重要的实践意义。众所周知,高中生面临的学业负担和考试压力巨大。帮助学生在学习过程中提高成绩,提升学生的信心,是帮助学生化解压力的直接途径。那么,除了情绪、心态的调整之外，心理辅导教师在学习方法上可以为学生提供哪些帮助？可以运用哪些具体可行的方式？要回答这些问题，就要直面学生的重要核心素养——是否会学习。看学生是否会学习，要看学生在学习意识形成、学习方法选择、学习进程评估等方面的综合表现，如是否乐学善学、勤于反思、有信息意识等。想要学有所成，学会反思与总结必不可少。×密码学习法正是教会学生从反思错题入手，更全面地认识自己，找到适合自己的学习方法，从而找到突破学习壁垒的金钥匙。

张玉霞老师的这本《学习没有那么难：×密码学习法》，汇集多学科交叉研究的成果，从大量现实案例出发，提出一系列富有新意的学习策略，构建一个新的学习策略体系，教会学生理性看待×，重构悦纳×，自主改正×。从排斥、拒绝学习中的错误，到接纳错误、与错误共生是一个动态的发展过程。只要学生及时调整认知，积极面对错误，提升学习能力就指日可待，正所谓"改过迁善从不嫌迟"。

如果读者是中学生的父母，不妨先读一下本书的第四章。作者在第四章开头讲到"孩子的学习成绩会受到父母的影响，他们试卷上的×也有父母的影子。许多亲子冲突都是从父母和孩子谈成绩发展而来的"。很多研究已经证明，孩子学业成绩不佳很多时候可以追溯到亲子关系带给他们的不良影响，正如很多人常说的，"问题孩子背后往往是问题家庭（家长）"。不涉及亲子关系，就可能无法从根本上解决学生的学习困难。本书第四章着重探讨了家长应当如何做才能使孩子更好地习得×密码学习法，其理论创新在这部分内容中得到进一步升华，家长与孩子相处的灵动生活画卷也在朴实无华的文风中得以展开。

作者曾表达她写这本书时对"理论研究与实践创新相结合"的追求。我认为本书的确做到了这一点。这部力作是作者近年来对×密码学习法深入探

推荐序二　用心探索教育的内涵

索后的系统阐述，也是对学生核心素养培育实践的深化与完善。"考试期间的情绪以及试卷上的 ×，都是反馈信息。失败只是通往成功的必由之路"，这一核心理念贯穿全书。

相信本书的意义不仅在于指导学生改进学习方法，更在于能够启发我们用心去探索教育的内涵。

周宗奎

华中师范大学心理学院教授、博士生导师

华中师范大学研究生院院长

青少年网络心理与行为教育部重点实验室主任

序　言

且把金针度与人

　　2000年9月，我到湖北省有高考"状元摇篮"之称的武汉外国语学校高中部（简称外校）做专职心理辅导教师。作为全国首批创办的七所外语学校之一，武汉外校是湖北省唯一一所具有外语保送推荐资格的学校。对部分外校学生而言，高三保送生资格考试意味着多了一次"小高考"，他们面临的应试压力比其他学校的学生更大。

　　在接待学生咨询的过程中，我发现很多学生的情绪困扰是和考试、学业有直接或间接关系的。比如：

　　"11月联考，我考得很不好，感觉到处都是漏洞，自信心很受打击，现在也很茫然，不知道该从哪里着手，很焦虑，我该怎么办呢？"

　　"数学是我的强项，一直都很好，常常考满分。进入高三后我遭遇滑铁卢：在9月份的调考中，我错了几十分的选择填空题；在11月份的期中考试中，连错解答题中的前两道基础题；在上周的期末大考中，最后三道解答题都做错了，还做错了十几分的选择填空题。这是我在高一、高二从未有过的事，以至于现在一考数学我就紧张，感觉自己的思维无法集中到卷面上，注意力比较分散，甚至做到后面手会发抖，完全无法集中注意力进行思考。最恐怖的是，这种现象有向其他科目蔓延的趋势。"

"我觉得自己很努力，可是分数常常比别人差，让我看不到希望。周围的同学都很努力，我也不敢懈怠，可一次又一次地被卷面分数打击，我感觉快崩溃了。我现在特别自卑，很怕在学校呆着，总是冒出逃离学校的念头。"

作为一名心理老师，我很关注学生在考试期间的情绪状态：会感受学生对考试、分数及名次的忧虑和恐惧，会同理学生的感受，会引导学生关注并调整情绪背后的想法、信念与期待。我很清楚，他们的每一种情绪背后，其实都反馈了一些重要信息：能力的局限、内心真实的渴望……

我能为学生们做些什么呢？情绪 ABC 理论①会让他们暂时调整认知，看淡分数和名次，可是那些"会做却做错"的沮丧，那些"不会做"的绝望，在他们的各种考试中依然真实地存在着，那是他们必须面对的现实，也是我要攻克的方向。

终于，我在一次与女儿玩"补洞洞，长智慧"的游戏中获得了灵感。

游戏源于外婆的俚语——"小洞不补，大洞一尺五""吃一堑，长一智"。孩子上学后，我和女儿一直坚持玩这个游戏，玩得不亦乐乎。在玩的过程中，孩子对学习和考试过程中存在的问题有了清晰的认识，解决问题的方向也逐渐明确。女儿在学业上取得的成绩，让我感到"补洞洞，长智慧"游戏的魔力。一个念头在我脑海闪现：我能不能与前来寻求帮助的学生玩游戏？于是

---

① 情绪 ABC 理论是美国心理学家阿尔伯特·埃利斯（Albert Ellis）提出的。A 代表诱发事件（Activating Event），B 代表信念（Belief），C 代表情绪和行为的结果（Consequence）。该理论认为，情绪和行为的结果并非由诱发事件直接引起，而是由个体对诱发事件的认知和评价所产生的信念引发。——编者注

序言　且把金针度与人

我应用"补洞洞，长智慧"游戏的原理，帮学生找洞和补洞，当他们被学业情绪困扰的时候，我就与他们一起看试卷，分析试卷。

分析试卷是很专业的事情。我不是学科老师，如何有效地帮学生分析试卷是摆在我面前的困难。学生和老师对我这个大胆又有创意的想法心存疑虑。是的，我看不懂各学科试卷的具体内容，好在我是专业的心理辅导老师，我擅长的是提问、启发，还有付出耐心。

"面对这样的分数名次，你很沮丧，很难过，你内心真实的渴望是什么？"

"这道题错在哪儿了？"

"能够再具体一些吗？"

"你觉得什么原因导致这样的错误？"

"下次要怎么做才能做对呢？"

"这样的错误在优势学科中存在吗？"

"如果不存在这样的错误，你是如何在优势学科的学习和考试中做到的呢？"

"这个新题型有没有同学做对？他是如何学习的？可以去了解一下吗？"

……

这样的提问训练了学生的觉知力，让他们更加专注地面对试卷中暴露的问题，思路和视野更开阔，同时让他们把与同伴比较的眼光收回来关注自己，从而更加平和地承担起学习责任。他们开始抛开习惯性的试卷分析模式——模糊、评判和情绪化的表达，并通过情绪探索明确目标，透过失分现象明确现状，对比自己的优势学科，寻找新的选择和行动方案。很多规律就这样浮现出来。

一般来说，学生做题的流程分为：读题—信息输入，审题—信息解码，做题—信息输出。会做但做错往往发生在读题和做题的环节，不会做则通常发生在审题环节，这与学生掌握知识的熟练程度关系很大。他们都知道考试是查漏补缺，但只有极少数学生会主动分析错误的原因并找到改正的对策，绝大部分学生习惯于让"粗心""马虎"背锅，或拿"不会做"敷衍。我和学生尝试着用数据和事实让模糊的问题清晰化，把很多学生从茫然不知所措中拉了出来，让他们看到了可以做对学好的希望。

2015年春节后，应班主任、化学特级教师徐承先老师的邀请，我给高一学生做了一天的学习方法指导。我让学生把影响他们取得满意成绩的因素列出来，再和学生一起逐一破解。学生受到很大启发，会后一位家长的分享让我印象深刻："我是学霸，我的孩子也是学霸，我们一直在探索更简单更有效的方法。张老师的方法非常简单易行，不仅是提升学习能力的有效方法，还是帮助学生发现问题、分析问题、解决问题的一个捷径，更重要的是，这套方法激发了学生的问题意识。"

在这之后，我更加有意识地与前来寻求帮助的学生家长和老师探讨情绪及失分点背后的信息，探讨面对学生的学习问题时父母和老师的无力感。我发现，无论学生、父母还是老师，都不喜欢作业和试卷上的×，但作业和试卷上的×对学业发展非常重要。如果把作业和考试看作学生备战高考过程中的一次次攻坚战，那么学生情绪和×才是这一道道防线上的哨兵，哪里被攻陷，哪里就需要加强防御，重新布局。

2015年春天，我把这套学习方法正式命名为"×密码学习法"。通过解读学生考试前、考试中及考试后的情绪和试卷上的×背后的密码，调整学生的考试策略和学习策略。人们总是见"√"欣喜，谈"×"色变，殊不知每一个×都是送分的信使。它精准定位失分的源头，明确指出提分的方向。破译×密码，就能推开提分之门，高分自然不在话下。

序言　且把金针度与人

2017年9月，华大联盟全国七十五所著名中学校长和高三年级主任汇集在武汉外校，探讨高效备考的话题。主管教学的王应生副校长和教务处周蔚莫主任安排我在会上分享经验——如何通过试卷复盘把考场压力转化为考后的努力，让与会领导和老师耳目一新。

这是一位高三老师反馈给我的信息："张老师的讲座加深了我对失分的认识，学生的每一个错误都有其背后原因，而原因的表象会有多种，如果不注重本质，所谓的订正就没有太大意义。例如粗心大意，往往是读题审题出了问题，这也绝不是下次注意就能解决的！另外，关于教学的启发——教学绝不仅仅是教，哪怕你教得再认真，学生也不一定能学好！因为学比教更重要，所以老师教的同时要注意学生学的方法，学生的认知框架决定了他的接受和你的传授之间会有很大区别！比如，很多老师苦恼：为什么讲了多次的题还有学生不会，或者题目稍微变形之后学生就不会做了……面对这些问题，我们老师还能做些什么？必须激发学生自主构建框架的能力，老师不能拼命往学生那里加砖，这只会让砖块（知识）在学生那里的堆积，毕竟拥有再多的砖也堆积不起知识的高楼。并且对于构建知识的框架，老师的做功效率远不如学生自主构建高！最后，我发现很多时候老师做了很多无用功而毫无察觉。教学的反思很重要，很幸运听了您的讲座，让我认识到教学还有很多值得研究和品味的地方。"

会后，王应生副校长向我推荐了很多脑科学、认知科学的书籍，针对我的学习策略辅导工作提出了很多有价值的指导与建议，让我更多关注"会做的题但做错"部分，并鼓励我把×密码的试卷复盘方法从理论到实践进行系统的梳理。

在王校长的支持和敦促下，我和同事成立了×密码学习法课题组，一起把20年来看过的近两万份试卷所搜集的学生"会做的题但做错"的原因及其对策重新梳理。与此同时，我们共同阅读了《身心合一的奇迹力量》《科学学习》《元认知》等相关书籍。我发现，×密码试卷复盘方法之所以能有效地促进学习效能和提升成绩，是我在无意中运用了高绩效教练中的 GROW 模型[①]，契合了当代脑科学与认知科学的最新研究成果要求，即成长思维和元认知能力的训练要求，原来我在无意中提升了学生的成长思维和元认知能力。

近十年的探索与深耕，契合当代认知科学和学习心理学前沿理论的 × 密码学习法终于诞生。

×密码学习法是什么？

×密码学习法以提升学生的复盘力、学习力、应试力和父母胜任力为目标，致力于为各个学段的学生和家长提供快速高效的提分方案，助力学生成为学习高手，实现学生从普通到卓越的完美蜕变，帮助家长转变角色。它深度有效地参与到学生的整个学习过程中，成为学生的学习教练。

×密码学习法体现了"以终为始"的教育理念。它是从考试期间的情绪和试卷分析入手，分析情绪和失分点背后的因素，精准定位考试中、学习中和家庭教育中存在的问题，找准提分路径，并提供切实有效的解决策略。这套策略包括"×密码复盘法""×密码学习法""×密码考试法"和"×密码教养法"四个工具。它们既独立又相互联系，内容都与×密码相关，是基于×的解决方案。"×密码复盘法"透过情绪现象，分析失分本质，用事实和数据定位问题点；"×密码学习法"和"×密码考试法"，从试卷分析出

[①] GROW 模型，旨在帮助他人厘清现状，减少某些事情的干扰，并从内心找到对应的办法。G，是 Goal 的缩写，即目标；R，是 Reality 的缩写，即事实；O，是 Option 的缩写，即方案的选择；W，是 Wrap-up 的缩写，即总结与具体行动。这一模型可以应用在生活的不同方面。——编者注

发，解决学生考试时"不会做"和"会做的题但做错"这两大问题；"×密码教养法"旨在帮助父母反思孩子×背后自己的行为，减少对孩子学习力的损耗，提高父母作为家长的自我效能感，消除孩子×背后属于家庭的教育偏差。

我们将×密码学习法在湖北省部分重点中小学进行实验，也选择了几所全国第一批新高考省份的重点学校进行推广。其提分效果十分明显，有的学员圆了北大、清华梦，还有的成为当年中、高考状元。因此这一方法深受学校老师、学生和家长的欢迎，还被学生誉为"状元学习法"和"超级学霸学习法"。实验校的老师认为，与目前其他名目繁多的学习法相比，×密码学习法更具针对性、操作性和实效性。

保送清华的外校高中部2020届毕业生韩雨希同学告诉我：×密码特别棒，尤其在心态调整方面效果显著。×密码把学习过程从盲目地凭感觉摸索，变成了明晰、有条理地实践，便于学生发现问题，正确认识问题，解决问题，从而避免学生重蹈覆辙。同时，让学生心里踏实，不被焦虑与压力打垮，并以平和的心态面对考试。

参与学习的家长总结说："×密码是帮助学生成长思维、提升能力、调整习惯、优化方法、提高成绩的利器！掌握了它，孩子就能成为发现问题、分析问题、解决问题和擅长深度思考的高手。"

面对考试和试卷上的×，不必恐惧也无须害怕，所有的错误都是信息反馈，是帮助我们找对路径的有效工具。这就是×密码学习法的核心理念，给父母和孩子指明了学习方向，大大地改善了因学习考试带来的亲子冲突。

在新课程和新高考背景下，如何发展学生的核心素养，如何培养学生的必备品质和关键能力，是当下教育必须面对的课题，而"双减"的同时，如何提升学生的核心竞争力，更是广大教育工作者和家长必须回答的问题。我们的研究成果表明：通过对学生学习方法训练、思维能力的培养、认知习惯的调整和父母胜任力的提升，完全能够实现"双减"，实现学生的学业和父母亲子关系的"双赢"。从这个角度而言，快乐源自好的方法。

且把金针度与人，让我们共同走在快乐、高效的学习大道上。

目 录

第一章　错题分析：高效学习的金钥匙

第一节　分数都去哪儿了——错题背后的秘密 / 003
学生痛在哪儿，考试难在哪儿 / 003
透过现象看本质，找到正确路径 / 005

第二节　错题分析怎么做 / 007
错题分析三部曲 / 007
自我觉知力是关键 / 015
错题分析样本 / 018

第二章　考试力的秘密：要想考得好，怎么考

第一节　考试力是考场上唯一的确定性 / 037

第二节　导致发挥失常的14个陷阱与应对策略 / 039
注意力分散怎么办 / 039

I

心态波动怎么办 / 043

受负面情绪困扰怎么办 / 046

动力不足怎么办 / 050

受到个性局限怎么办 / 053

对知识的熟悉程度不够怎么办 / 057

不良习惯导致出错怎么办 / 059

固定型思维导致出错怎么办 / 063

缺少反思能力导致犯重复性错误怎么办 / 068

计算出错怎么办 / 073

答题不规范怎么办 / 076

答题不精准怎么办 / 079

书写不规范和草稿纸使用不当怎么办 / 084

考试时间不够用怎么办 / 086

第三节 如何成为考场黑马 / 091

重视考场心态 / 091

功夫在平时 / 093

考试力是学习力的体现 / 093

第三章 / 学习力的秘密：要想学得好，怎么学

第一节 学习力自查：你是怎样的学习者 / 097

方法不对，努力白费 / 097

正确归因，才能对症下药 / 098

好成绩的秘密 / 101

目 录

第二节　丰富背景知识储备，夯实学习力基石 / 106
　　为什么要强调背景知识储备 / 106
　　怎样丰富背景知识储备 / 109

第三节　结构化思维，让知识有序关联 / 117
　　学习力助推器 / 117
　　让我们对知识具有全局视角 / 119
　　提升我们解题的条理性 / 120
　　增强学习管理能力 / 121
　　结构化思维的重中之重——逻辑思维能力 / 121
　　如何培养和运用结构化思维 / 124

第四节　完善学习流程，提高对知识的熟悉程度 / 133
　　三曲九环法，打造完美学习流程 / 133
　　有效预习，不能省 / 135
　　高效听课，很关键 / 137
　　精准提问，不留惑 / 141
　　正确做题，提高题感 / 144
　　复习，时间轴与内容区块链的结合 / 149

第五节　全方位管理，成为高效学习者 / 151
　　注意力管理好，学习力零消耗 / 151
　　身体、情绪、脑力调节好，学习状态佳 / 163
　　统筹行动，正向激励 / 182
　　时间管理，高效学习的前提 / 184
　　以讲促学，越分享越有收获 / 190

第四章 父母胜任力的秘密：要想孩子成绩好，父母怎么做

第一节　从改变对 × 的认识开始 / 195

　　× 是孩子的，也是父母的 / 195

　　允许犯错，收获成长 / 199

第二节　重视父母对孩子的影响 / 204

　　成长型思维让孩子看到自己的潜力 / 204

　　用正向语言帮助孩子提升学习力 / 207

第三节　情感支持，让爱无伤 / 210

　　孩子比我们想象的更需要尊重 / 210

　　父母吼、打、骂，孩子战、逃、僵 / 213

　　陪孩子度过青春期 / 217

第四节　放手与祝福，孩子才会长大 / 220

　　过度保护会剥夺孩子探索的欲望 / 220

　　忌揠苗助长，过度刺激 / 223

　　做有边界感的父母 / 224

附录一　花开的声音——经外高中部首届父母沙龙侧记 / 229

附录二　家长手记——学习是一辈子的事 / 241

附录三　让我们在正确的道路上前进——× 密码学习法学员分享 / 247

第一章

错题分析：高效学习的金钥匙

试卷上的每个 ×，都是关于考试、关于学习、关于个性气质等的重要反馈信息。

第一节　分数都去哪儿了——错题背后的秘密

作为一名学习方法指导教师、心理咨询师，我和学生一样，重视考试成绩，而"考试成绩"也成为我和学生谈话时出现的高频词。每名学生都有自己的学习痛点和考试难点。无论是找不到学习方法，个性不够踏实、严谨，还是身体出现突发情况，最终都会在试卷上表现出来。

学生痛在哪儿，考试难在哪儿

考试成绩通常在学生的期望值之下。

我的学生中，有一名女生可以被称为典型的"中间女生"。她一直很认真、很努力，但她的成绩一直不好不坏，并在她的期望值之下。

她来我的办公室跟我吐槽："老师，我那么努力地学，只要有时间我就做作业、做题，为什么我的成绩还是不好？"

　　我问她："你除了不停地做题外，有没有对不会做的题进行分析，找到自己不会做那些题的原因？"

　　她说："遇到不会做的题，我就去找标准答案，然后记标准答案。有的时候记得住，有的时候记不住。"

当她再次遇到此类题目时，一般情况下是可以通过套用以前的答案做对题目的，但题目稍一变形，或者变得复杂一点，她就无法应对了。因为她缺乏深度思考，没有真正弄懂题目，所以无法进行知识迁移。对于一些知识，她看上去学会了，其实并没有真正学会。

　　这是一个在学习上下死功夫、欠缺方法的学生，她看上去很努力，实际上一直待在自己的心理舒适区内。她的学习状态代表了大多数学生的学习状态。

　　有一名学霸，成绩一直很优秀，属于全校范围内的尖子生。她自信且散漫，不怎么做考试后的复盘，有时她以为自己做了复盘，其实一直存在一些知识盲区，没有引起她足够的重视。而高考是抽样考试，那年高考刚好考到了她的知识盲区，使她的问题集中爆发，留下遗憾。

这是一名学习成绩受到个性影响的学生。

　　有一名女孩，学习成绩很好，目标是清华、北大。可是在高考的第一天，她来月经了，而且伴有痛经。高考时身心状态非常重要，几乎每年高考都有考生在考场上晕倒，这名女孩不幸成为其中之一。她在考场上晕倒了25分钟，后面的考试自然受到影响。

这件事从表面来看，是身体出现突发状况影响了这名女孩的发挥，但其背后是有心理因素的。

透过现象看本质，找到正确路径

透过现象看本质是我作为一名学习方法指导教师的日常工作，我与每一名走进我的咨询室的学生进行深入探讨，发现问题，并找到解决问题的途径。

有一名男同学平时可以半天不上厕所，但每逢考试，就会担心自己考到一半想上厕所。这种担心以一些强迫症症状表现出来。作为心理咨询师，我当然知道这和他与父母的亲子关系、他的气质类型甚至人格结构有关。但在与学生探讨问题的过程中，除了分析问题的根源之外，还要给他们切实可行的方法。我向这名男同学提出："你或许可以在考试时，请假上厕所，看看你自己感觉怎么样？"他说："我知道是可以请假去厕所的，我的同学曾经这样做过，但是我不想这样。要先跟监考老师申请，然后监考老师还会陪着请假的人去厕所，这既增加人的紧张感，又浪费时间。"

我沉思了一下，笑着对他说："要不，你尝试一下，用成人尿不湿？"

这名男同学一脸惊讶，我的建议确实是他之前没有想过的，他似乎不能立刻接受。我说："这只是个建议，你可以体验之后，再考虑要不要继续使用；也可以一口拒绝，继续被之前的问题苦恼。"

一周之后，他告诉我，他真的试过了，发现效果还不错，再也不担心考试中途想上厕所了。

当然，我不可能想到所有人在考场上遇到的所有问题，所以我希望同学们能在重大考试前尽量把自己可能在考场上遇到的状况想一想，模拟一下，并找到解决方案。这样，同学们的内心就会有一份难能可贵的安全感，这份安全感也会为同学们的考试保驾护航。

有一名学生在平时的一次考试中，发现她的课桌不稳。写字的时候，课桌会晃动，非常影响她集中注意力。她把情况告诉了监考老师，寻求监考老师的帮助。监考老师很好，把自己随身带的纸巾折叠了几下后，垫在一条桌子腿下。桌子稳定了，这名学生的心也稳定了。她说："经历过这一次突发情况后，我又多了一条应考经验。每次考试，我都会带着几张纸巾进考场，就算在高考中再次遇到这种情况，我也不会慌张了。"

学生的这些考场状况大多是我在帮学生做试卷分析时，学生向我提及的。我和学生探讨考试这件事的起点就是他们的试卷。做试卷分析，是我们探讨考试相关问题的第一步。学生遇到考试方面的问题时，我都会让他们带着评过分的试卷来见我，我们一起就试卷上的问题进行复盘。

我常常给我的学生讲黑匣子在航空业发展历程中的巨大影响。每一次重大飞行事故发生后，寻找记录着飞行数据的黑匣子都是至关重要的。解读黑匣子中的信息才能找到事故发生的根本原因，进而对飞机硬件或者飞行员的飞行纪律进行有针对性的改进、调整，避免同样的事故再次发生。我们对试卷上的问题进行复盘，也有同样的作用。

第二节　错题分析怎么做

错题分析三部曲

×密码学习法基于试卷分析，是"黑匣子思维"在学习中的运用。在做试卷分析时，要做到以下几步。

重新定义×，和×对话

试卷上所有×都是反馈信息，很多学生排斥它们，将出现×这种失败看成是不可接受的。作为老师的我，会教学生重新定义失败。失败不是贬义词，只是中性词。失败并不是最终结果，而是过程中的一部分，失败会告诉人们，以前的方法行不通，要换一种方法。每一次失败都可以让人们更接近成功，因为人们从失败中得到了成长。

我们在学习过程中走的每一步都可能存在漏洞，而每一个漏洞都可能成为试卷上×的原因。试卷上的×潜伏在我们的学习过程中，与我们的思维模式、知识储备、个性气质、情绪状态、应试技巧密切相关。"雪崩时，没有一片雪花觉得自己是有责任的"，存在于影响考试结果的因素中的某个漏洞，可能会被我们看成无关紧要的小漏洞。但小漏洞多了，就会对考试结果产生大影响。运气好时，我们可能会避开所有漏洞。但是，考试充满不确定性，也许下一次，所有的漏洞就都会显露出来，成为试卷上大大的红色的×。

我在工作中，看到无数学生的痛苦并非来源于学习，而来源于对失败的恐惧。他们对自己不好看的分数、落后的排名感到焦虑，担心考不上理想的学校。如果同学们能重新定义失败，把失败视为成功的路径，友好地对待×，和它对话，它们就可以帮助同学们看到错误原因，进而修正错误。这是×的使命。

在我的课堂上，我会让学生调动想象力，将试卷上的×人格化，以角色扮演的形式，将他们是如何对待×的和×是如何给他们反馈的表演出来。学生一开始有些扭捏，渐渐地都认真起来。演×的学生在被做错题的学生拒绝后，表演出受伤的表情和逃避的动作，观看表演的学生发出笑声，并认真反思自己对待×的态度和随之而来的后果。

多数学生对自己试卷上的×通常是不友好的。嫌弃的有之，熟视无睹的有之，将×涂掉的有之，索性将没考好的试卷揉成一团后扔掉的有之。鲜少有学生把×当作朋友，对×以礼相待，更不用说把×当作信使，询问它们要传递什么信息了。

表演环节结束后，我让学生谈感受。他们说：

"如果不理它们，它们就阴魂不散，下次考试时，还会出来打败

第一章 错题分析：高效学习的金钥匙

我。所以，以后我对它们的态度要好一点，接近它们，了解它们。"

"我仍然会反感它们，想让它们消失。但是，我决定和它们对话，弄懂它们，保证它们不再出现在我的试卷上。"

"以前，我对它们没有耐心，看到它们时烦躁、愤怒。现在，我想，我对它们有耐心了。我要认真地分析'偷分贼①'，看看它们是怎么偷分的，这样的做法会使学习效果更好。"

有尊重才能对话，有对话才能了解。我们对 × 的排斥、拒绝，只会让它们想传递出的信息离我们而去。这会导致我们一再犯出现过的错误，无法改变和提升。

学生在平时的考试中出错是被允许的，但要减少、消灭以前的错误和反复出现的次数。如果一名学生的某张试卷上没有出现他以前犯过的错误，我就将这张试卷称为完美试卷。第一名有自己的完美试卷，中间生也会有自己的完美试卷，就算是最后一名，只要没犯以前犯过的错，他的试卷也可以被称为完美试卷。每名学生在高考前都有千百次机会寻找在考试中犯错的原因。通过一步一步地复盘、优化，学生都可以答出自己的完美试卷。前提是，绝不轻易放过任何一次考试和任何一个 ×。所有 × 都是反馈信息，只有读懂 ×，才能将 × 变为 √。学生需要有反思能力，监测、思考、优化学习过程和答题过程，更高效地学习和答题。

结果不好，都是因为过程出现了问题。正如学生在 × 扮演游戏中看到的那样，认真对待 ×，× 就会提供重要的反馈信息，帮助他们看到自己学习、考试过程中存在的问题，有针对性地解决问题，让出现

---

① 详见第二章第一节的第一部分。

过的错误不再出现。

将 × 放在聚光灯下观察、分析，解读 × 是如何被我们创造出来的，是我们必做的功课。学习不是简单的加减法，而是复杂的方程式，受各种因素的影响和控制。在学习的过程中，我们既要往前走，也要停下来看看自己走的方向和路径对不对。每一张试卷上的 × 都如同警示牌，为我们标记了"此路不通""此处有危险""前方有障碍"等信息。这就是提示我们，在学习的过程中，还有需要查漏补缺的知识点，或者不够完善的地方，反映了我们的注意力、情绪、背景知识储备等方面的问题。我们只有知晓这些，才能填坑补洞，或绕道而行。

分析失分点、侥幸点和差异点

分析试卷时，要着重分析试卷上的失分点（出现错误之处）、侥幸点（侥幸得分之处）和差异点（老师思路和学生思路的不同之处）。

首先，要分析失分点。

分析失分点，就要先对错题进行分析、归类，这样我们就能更快地找到出错的原因，从源头上堵住漏洞，防患于未然。

我把错题分成两大类：一类是会做却做错的题，另一类是不会做而做错的题。

怎么区分这两类错题呢？要从做题的过程入手。

我们做题的过程一般分三步。第一步是读题，将题目信息输入大脑，提取其中的关键信息；第二步是加工信息，即理解、分析、思考、整合、破译读题时获得的信息，调动记忆库中与之相匹配的题型和相关的解题技巧、思路，找到答题路径；第三步是输出答案，一些学科的题需要我们列出解题步骤再进行计算，然后得出答案，另一些学科

第一章　错题分析：高效学习的金钥匙

的题需要我们列出提纲和答题关键点，再组织语言，规范书写。

如果错题出现的原因是"能力问题"，也就是对知识的熟悉程度不够，忘记或者没有记清知识点、做题思路，练习和巩固的过程较少，那么这类错题就属于不会做而做错的题。对知识的熟悉程度不够的原因主要有两个：第一，没有将相关知识点完整、清晰地储存在自己的大脑中，或者对知识点理解得不够全面；第二，平时缺少练习，没有在大脑里建立相关的解题神经回路，拿到题目后，觉得似曾相识，却无法提取头脑中的信息，无法让平时老师讲的解题思路和技巧为我所用。面对第一种情况时，同学们需要重新学习相关知识，将其纳入自己的知识框架中，变得"牢固"且易提取；面对第二种情况时，同学们需要多做相关练习题，从而建立稳固的神经回路。

如果错题出现是因为读错了题目中的信息、答案书写不规范、注意力不集中等，与对知识的熟悉程度无关，那么这类错题就属于会做却做错的题。

上述情况出现的原因一般是"系统问题"。我们的大脑运行时，有两套系统在同时运作。一套是工作区间系统，它会处理我们读题时获得的信息，提取记忆中的相关知识点、解题思路和技巧，辅助我们解决问题；另一套是自动化运作系统，它被压制在我们的潜意识中，是自发运行的，有时，它会导致我们一边听老师讲课，一边想今天的午餐、明天的演讲、爸妈的唠叨。自动化运作系统的运行状态跟我们的身心状态有关，它与工作区间系统并存，挤占我们大脑的工作区间，分散我们的注意力，影响工作区间系统的运行。

如果我们让身心处于最佳状态，想到午餐、演讲、唠叨时不执着于其上，让它们如蜻蜓点水般在头脑中转瞬即逝，仍然认真地、专注地听课，自动化运作系统就会处于自动抑制或者休眠状态，不会占用大脑的工作区间。此时，我们对知识的提取与运用就会比较顺畅，在这种状态下参加考试就可以正常发挥，甚至有可能获得灵感，破解有难度的题目，超常发挥。

但是，我们的自动化运作系统如果处于兴奋状态，就可能引发情绪波动，注意力分散，干扰工作区间系统的正常运转，此时就会犯各种各样的低级错误，令人痛惜。

在试卷上对错题进行分类，明确会做却做错的题和不会做而做错的题各占多少分，能让同学们知道自己考试得分的底线，以及能力的上限，这对学习目标的制订有重要的指导意义。

曾经有一名来找我咨询的学生说："老师，我平时状态好时，可以考620分；状态不好时，可以考580分。我在高考时可不可能考到640分呢？"

我问他："你即使状态不好，也可以考580分，而不是520分，这是为什么？"

他愣住了。

我提示他："这说明你不在状态时，你的实力也在线，这很重要。"

接着，我又问他："你状态再好，也只能考620分，而不是640分，为什么？"

"还是因为实力。"这次，他很快就回答了。

然后，我带着他分析他的实力。"你想一下，得580分时，试卷上还有多少会做却做错的题，它们的分值加上580分，就是你

第一章 错题分析：高效学习的金钥匙

下一步的基本奋斗目标。你再分析一下得 620 分时，经过你的不懈努力，你可以将试卷上不会做而做错的题的分值降低多少，看看降低的分值加上会做却做错的题的分值，再加上 620 分，能否达到 640 分。其实无论得 580 分，还是得 620 分，你的思维模式、答题习惯都是一样的，区别在于考试时的状态。所以，你还要分析一下，什么情况下自己的状态最佳，能否在每一次考试中都保持这样的状态？"

一周后，这名学生很开心地告诉我："老师，我感觉如果我好好学习，那我的目标就不是 640 分了，我觉得就可以接近高考满分了。"

高考满分是一个神话，但是总有人在不断接近这个目标。我非常乐于看到 × 密码学习法让我的学生越学越自信，打破固定型思维，成为这套学习策略的践行者与受益者。

其次，不可小看侥幸点。

看似是做对的，其实是蒙对的，或者是按某种应试模板套对的题目，需要引起我们的注意。这些题是同学们依然不会的。同学们需要及时地将相关知识点纳入自己的知识结构中，真正掌握它们。

最后，找找差异点，丰富解题思路。

同学们可能会发现，自己会做某道题，但是老师在讲这道题时讲了另外一种解题思路，那么，同学们就要把新的方法也学会，丰富自己解这种题型的路径。条条道路通罗马，在拓展思路的过程中，我们的思维会变得更有灵活性和弹性。

失分点、侥幸点、差异点折射出我们的思维模式、情绪状态，以及我们所有没能真正掌握的知识点。同学们在听老师讲评试卷时，要结合自己的实际情况，对错题进行分类，用不同颜色的笔分别标记失分点、侥幸点和差异点。在听老师讲评试卷之后，自己再做汇总、分析。这种方法会帮助同学们充分捕捉每一个 × 传递的信息，在今后的学习和考试中对症下药，此所谓正本清源。

注意挖掘深层次的原因，进行深度调整

考试后，我们分析试卷上的失分点时会发现许多直观可见的问题，但也有些问题隐藏得比较深，需要我们深入挖掘，再设计解决方案，然后展开行动。这样的过程往往会撬动一个家庭的关系和氛围，因为，孩子学习问题的根源往往在父母身上。

有一次，一位妈妈带着孩子来找我做试卷分析。我发现那套试卷上的很多错题都是他会做却做错的。孩子告诉我，做错那么多题是因为他总想快点做。我问他："平时做作业也求快吗？"他说："是。"我接着问他："你写那么快，是想写完了去干什么？你做作业的目的是什么？"他说："初中的时候是想快点写完去玩，上高中以后是想快点写完去睡觉。"我又问他："你平时做决定快吗？"他摇摇头，说："不快。"我问他："那你头脑里的'快'是从哪里来的，是父母、老师或者其他人经常让你快点写吗？"他说："不是，是我自己想快写。"

这个孩子的气质就是慢的，可他却在做作业和考试时求快。

我问这个孩子的妈妈："为什么会这样？"她说："您刚开始问他关于做作业快的问题时，我就感觉跟我有关。他从小体质不好，作业多，出于对他的心疼，我总对他说'赶快写完睡觉吧'。

我经常把这句话挂在嘴边,一次次地重复,自然就导致了孩子做作业时求快。"

"赶快写"是妈妈给孩子的头脑里植入的观念,所以孩子考试时也这么想。通过深度分析,我们就可以看到,孩子试卷上的×背后的家庭氛围及父母的胜任力对孩子学习力的影响。"快孩子"的背后都有"快家长"。

这位妈妈是学习型的家长,她很自责,承诺以后再也不这样催孩子,会将说法换成:"孩子,你把自己的学习进度规划一下,静心写就好!"

通过深度分析,妈妈和孩子都找到了自己的"当下工作区(目前要完成的任务)"——妈妈放下对孩子的担心,不再用习惯用语催促孩子;孩子接纳自己的慢,在做题时,头脑里不用"快写"来干扰自己,静心、专心。渐渐地,在后来的考试中,这个孩子做题仍然快,只是会做却做错的情况减少了。

想让学生在考试中提交完美试卷,就要对每一次作业、试卷进行深度分析,发现学生、家长的"当下工作区",让问题在平时得到解决。这样,不仅能让学生顺利通过升学考试,也有益于他们的个人成长和职场发展。

自我觉知力是关键

做试卷分析时,学生除了要有分析问题的能力外,还需要有自我觉知力。分析试卷是一个不断反思的过程,学生有自我觉知力,才能结合题目的标准答案、解题思路和老师在讲评试卷时提出的意见，反思自己在考前的学习、复习情况，以及考试中的身心状态，辨析、思考、总结出失分的直接原因和反思失分背后的深层问题，并制定相应的问题解决策略。

因为大脑的神经系统发育要遵循一定的规律，所以年纪越小的学生，越容易欠缺自我觉知力。当然，同年龄孩子的自我觉知力也存在差异。解决自我觉知力较弱的问题也是我和来求助的学生要一起努力面对的重要部分。

一名七年级的女同学对我说，她无法做试卷分析，不知道自己考试时的状态是怎样的。每当我指着试卷上她会做却做错的题问她："你回忆一下，当你做这道题时，发生了什么？"她总是先发呆，然后皱眉。有的学生可以很快回忆起做题时自己受到了什么干扰，比如窗外的噪声或者同桌比自己做得快等。但是，这名学生总说："我不知道我当时在想什么。"

和她一起分析她不会做的题时，我发现，她对自己预习、听课、练习、复习环节的记忆也很模糊，无法复盘自己的学习过程。

鉴于此，我去观察了她上课时的表现。她似乎很认真地在听老师讲课，但是，她不怎么发言，很少参与互动，只是瞪着眼睛，看着老师。

让我印象最深的是，她坐的椅子和别人是一样的，她带的用品也和别人差不多，可是，别人的东西都好好的，她的却不一样。上课时，一会儿，她的笔盒掉地上了；一会儿，她的眼镜盒掉地上了；一会儿，她放在椅子边的水杯被踢倒了；一会儿，她的笔

第一章　错题分析：高效学习的金钥匙

记本从她的手边飞走，掉到了教室中间的空地上。两节课里，她的东西掉了五六次。她看上去文文静静的，小动作却很多。这说明，她一直被一种无形的东西干扰着，注意力不够集中。于是，我提醒她，下次把所有东西都放在书包里，她的座位上、桌子上，什么都不要放，好好听课就可以了。结果，再上课时，她倒没有掉文具之类的东西，但是下课时，她一起身，身上飘下的纸屑如雪花一般。原来，上课时，她的手一直在撕纸片。

有一次下课后，她很着急地跟助教老师说，她的手表不见了。那是一块智能手表，价格不菲。大家都替她着急，让她回忆把手表放在哪儿了，最后一次看到手表是什么时候。她皱着眉头，使劲想也想不起来。大家到处帮她找，最后发现，手表在教师办公室的柜子上。原来她到办公室问老师问题时，随手就把手表放在了那里。平常大家都不会轻易把戴在手上的手表取下来，但这名同学的小动作太多了。她说，她不知道自己为什么要把手表拿下来，当然也不记得自己把手表拿下来后随手放在哪儿了。

在我的眼里，她特别像日本画家奈良美智笔下的那个梦游娃娃，可爱、纯真，但有些心神不定、迷茫、拒绝长大。这种状态和她的成长经历有关。有一天，她告诉我，在她家，父母很少主动和她说话，都是她去找父母说话，而且，她父母的关系也常常出现问题。

在这种家庭环境中，孩子是紧张的，她会时刻关注父母的举动。同时，她也是无助的，因为父母没有给她更多的情感支持，她的很多内在情绪都无法得到纾解或清理。和父母之间的语言交流有限可能使孩子的知识储备匮乏，学习困难。受家庭氛围影响，她的自我觉知力比较低，因为父母在她面前没有发挥镜子的作用，她难以发展自己的反思能力，自然会在学习中遇到很多问题。

每个到我咨询室来的孩子都是独特的。我告诉她，即使最优秀的学生也不一定了解自己，但了解自己一定可以帮助我们成为更优秀的自己。我建议她从写日记开始，练习自我觉察，找到自己的注意力所在，从"梦游"的状态中走出来，培养、提升自己的自我觉知力。

错题分析样本

学习情况简介

高一上学期，排年级第 20 名左右。按照学校安排学习，没有刻意总结过学习方法，没经过特殊训练，生活作息规律。参加很多课外活动，兴趣爱好比较广泛。

高一下学期，期末考试时，排年级第 70 名。暑假开始集中突破数学、语文、历史等各科存在的问题。

高二上学期，期中考试时，回到年级第 20 多名；期末考试时，又掉到年级第 48 名。

高二下学期，期中考试时，排年级第 40 名。这一学期开始后，学习比较认真，觉得自己对各科知识熟练掌握的程度有所提高，但考试成绩没有体现这一点。学生觉得自己一定存在一些问题，但发现问题不在自己的知识体系中。

第一章　错题分析：高效学习的金钥匙

高二下学期期中考试失分情况

语文失 12 分，数学失 12 分，英语失 13 分，政治失 7 分，历史失 6 分，地理失 7 分。总计失 59 分。

辅导前学生心语

我很努力了，觉得自己的知识体系没有问题，但是成绩一直没有突破，我感到很困惑。我特别怕数学考试，虽然数学成绩不是那么糟糕，但是每参加一场数学考试对我来说都是一种煎熬，我觉得很崩溃。最近一段时间，我感觉对数学的焦虑已经影响我学习其他学科了。

学生自查影响成绩的主要因素

第一，答数学时，常出现会做却做错的情况。原因主要如下：

◇ 审题时，漏读了题目中的某个条件。

◇ 记的公式是正确的，但将数代入其中时会出错。

◇ 计算出错。比如计算过程中，将多项式分母的一部分写到了分子上。

第二，答政治、历史、地理题时，不知道题目想让我回答的是哪个方面，尤其答地理选择题时，感觉有时我的思路跟出题人不在一个"频道"上。

第三，答题的准确性不高。原因主要如下：

◇ 没有理解题意，理解错答题要求或者找错材料中的关键词。

◇ 理解了题意，但是答不出要点。

第四，焦点问题——数学考试时非常焦虑。

本次辅导解决的主要问题

数学考试时焦虑的问题。

辅导过程

（用心理咨询的原则和苏格拉底式对话[①]与学生探讨学习问题。）

老师：为什么怕考数学呢？

学生：我也不是很清楚，反正老师一说要考数学，我就很紧张。

老师：考前就会紧张？

学生：是的。

老师：那在考试过程中也会这样吗？

学生：对，情绪起伏不定，很焦虑。

老师：那考完以后呢？

学生：试卷上的错题和分数常常会让我很不舒服。老师讲评试卷的时候，我总会发现，其实我做错的题大多是我会做的题，这让我更加焦虑，对接下来的数学考试更加恐惧。

老师：对其他学科的考试也这么焦虑吗？

学生：其他学科的考试对我来说还好。

老师：是否与还没有熟练掌握数学的某些知识点有关呢？

学生：我感觉不是，与其他学科成绩相比，我的数学成绩不是最差的。现在，我对数学的情绪已经开始影响我学习其他学科了。

老师：那好，你仔细思考一下，你在哪些时候会出现焦虑情绪呢？

……

[①] 采用对话的方式，引导学生一步一步地得出结论。

第一章 错题分析：高效学习的金钥匙

经过与学生充分讨论，老师明确他的焦虑情绪主要出现在 10 种时刻。将 0 设定为平静，将 10 设定为极度焦虑，学生用 0～10 之间的整数或整数区间表达自己的焦虑程度（见表 1）。

表 1 学生不同时刻的焦虑程度表

序号	出现焦虑情绪的时刻	焦虑程度
1	老师说要考数学了	2
2	走进考场时	2～3
3	坐在座位上，拿到数学试卷前	5
4	做某道题耗时太长，担心时间不够	5～6
5	乍看某道题觉得会做，做着做着，发现不会了	6～7
6	做某道题的思路不是很清晰，很纠结	6～7
7	某道题的思路简单，但是运算过程很复杂，计算出的结果很奇怪	7～8
8	检查做过的题，发现答案与之前做出的不一样	8～9
9	打铃后，提交试卷	10
10	老师讲评试卷时，发现错题其实大多是会做的题	6～8

（接下来，老师和学生探索、认知每个让学生感到焦虑的时刻，帮助学生调整观念。）

老师：有没有哪一科是不让你焦虑的？

学生：（想了一会儿）说实话，每科都会让我有一点焦虑。

老师：（笑）所以各科都学得不错？

学生：（若有所思）确实，我焦虑的部分原因可能是学得还不错，在乎成绩吧。

老师：今天开车的时候，我前面的那辆车突然停了，我吓了一跳，赶紧踩了刹车。还好，没有出什么问题。我体验的情绪是什么？

学生：恐惧吧。

老师：恐惧好不好？

学生：（脱口而出）不好。

老师：如果前面的车突然停下，我没有感到恐惧，会发生什么情况呢？

学生：会出车祸吧？

老师：恐惧想向我传达什么呢？

学生：是有危险？

老师：点赞，确实如此。那么想一想，你感受到的焦虑在表达什么呢？

学生：（沉默）

老师：我们来看看，焦虑在表达什么。你可以承受的焦虑程度是多少呢？依然用0~10之间的整数或者整数区间来表达。

学生：0~4吧。

老师：当你的焦虑程度在4或4以下时，你会做哪些事情呢？

学生：（笑）比如，老师宣布要考数学了，我会赶紧去复习。我一边往考场走，还要一边记一些公式、定理和题型呢。

老师：那我的理解是，适度的焦虑会帮助你在考试前做好准备，对吧？

学生：对。

老师：那我们从刚才列出的第三条开始探索。

（坐在座位上，拿到数学试卷前，焦虑程度为5。）

老师：你的焦虑程度为5时，会有什么感觉吗？

学生：心会咚咚地跳，手心会出汗。

第一章　错题分析：高效学习的金钥匙

老师：这种状态对你的考试会产生什么样的影响呢？

学生：试卷发下来后，我半天都无法进入答题状态。

老师：为什么试卷还没有发下来，你就那么焦虑呢？

学生：我怕题目太难，考不好，也很怕自己在做题的时候焦虑，那样很难受。

老师：学校为什么要考试呢？

学生：（脱口而出）查漏补缺。

老师：能够说得具体一点吗？

学生：就是把问题暴露出来，让我们知道哪里需要改进。

老师：确实是的，通过考试，我们就知道哪些知识是我们已经掌握的，哪些知识是我们还没有掌握的。既然是为了查漏补缺，那考不好有什么关系呢？

学生：是哦，不过考不好的话，分数和名次会不好看。

老师：是高考前的考试分数和名次重要，还是暴露缺点、遗漏点重要？

学生：都重要。

老师：战争开始之前，我们提前知道敌方会从哪里进攻，进攻策略是什么样的，是好事还是坏事？

学生：当然是好事呀。

老师：如果将应对考试比作战争，考试是敌方，试卷上红色的 × 更像敌方的间谍，还是我方的哨兵呢？

学生：是间谍？不，是哨兵。（恍然大悟）哦，对啊！考不好有什么关系呢？在高考前，我还有足够的时间可以训练自己，查漏补缺呢。我只盯着眼前的分数和名次，只顾着焦虑，会忘记查漏补缺。

老师：那你还怕数学考试吗？闭上眼睛想一想，你坐在考场里，数学试卷马上要发下来了，感觉怎么样？

学生：好像不那么怕了，还有些期待，想看看自己有哪些"哨兵"。但是，遇到不会做的题，我还是会有些焦虑。

老师：焦虑的程度会轻一些吗？

学生：会。

（做某道题耗时太长，担心时间不够用，焦虑程度为5~6。）

老师：如果高考时，你做了一道耗时很长的题，会引发什么后果？

学生：可能就做不完后面的题目了，会引发我的考场焦虑，让我大脑一片空白。

老师：你准备考清华、北大吗？

学生：不不不。虽然上小学、初中，甚至上高一的时候，我还有这样的梦想，但现在知道我不具备那样的实力。

老师：既然你不准备考清华、北大，为什么要求自己做对试卷上的每一题呢？

学生：也是。

老师：高考是全国性统一考试，最后按照分数进行选拔。即使没有达到清华、北大的分数线，按你现在的学习成绩，到高考的时候，你应该也可以选择其他"双一流"大学。

学生：这么说，在考场上，我只把我会的都做对就行了？

老师：高考是选拔性考试，是要区分出学生的学习程度的。在考场上，就要把有限的时间用在能得分的题上。你如果浪费时间做超出自己能力范围的题目，就可能没有时间做自己能力范围内的题目，反而会影响自己的得分。

第一章 错题分析：高效学习的金钥匙

学生：如果正常发挥，我应该是可以考上好大学的。如果花费太多的时间啃难题，我可能就没有时间做会做的题目，与自己本来能考上的学校失之交臂。

老师：就是这样。我们想一想，耗时太长在向我们传达什么信息？

学生：我还没有扎实地掌握题目考查的相关知识点……

老师：平时学得不好，知识掌握得不到位，考试的时候能考好吗？

学生：不能。

老师：如果在考场觉察到这些，你的感受是什么？

学生：紧张、焦虑。

老师：紧张、焦虑在向你传递什么信息呢？

学生：（笑）平时千日功，考场一分钟。

老师：你收到这样的信息后，应该怎么做呢？

学生：调整学习策略，提高对知识的熟悉程度，这样才能减轻考场的压力。

老师：确实。在考场内的时间是有限的，我们要做的就是把会做的题目做完、做对，将不会做的题目筛查出来，考试后花时间学懂不会的知识点。紧张和焦虑其实是在告诉我们，我们需要把考场上的压力转换成平时的努力。

老师：请闭上眼睛想一想，现在，你正在面对一道你花了很长时间还没做出来的题，有什么感觉？

学生：我感觉，这道题的使命就是提醒我，平时的学习还不到位，不要急着做出这道题，先去做下一道题。

老师：很好，我们确实要在考场上关注考试时间安排的策略问题，同时我们也要知道自己还没有熟练地掌握解答它的技巧，而这应该是我们在考前完成的任务。学不好是肯定考不好的。

（乍看某道题时觉得会做，做着做着，发现不会了，焦虑程度为 6~7。）

学生：这种情况出现的原因应该和上一种情况出现的原因一样，也是考前没有学好，却期待在考场上有收获。这确实是妄想。

老师：想一想，我们为什么会焦虑呢？

学生：因为没有能力得到想要的东西。

老师：点赞。为什么会出现读题的时候觉得会做，做着做着，就不会了的情况呢？

学生：因为让我有这种感觉的题都是老师讲过、自己也做过的，只是考试时稍微变了一点，所以刚读题的时候觉得很熟悉。可是真正动笔做的时候才发现，自己并没有真正掌握相关知识点以及解题思路和技巧。

老师：那平时为什么没有发现自己还没有真正掌握这些呢？

学生：平时做作业，遇到不会的题时，我可能会翻翻书或者老师讲过的试卷。做出来，我就以为自己会了。

老师：发现了吗？考试也是一种学习方法，只有经历考试时在头脑中检索信息的过程，我们才会知道自己是否真的能从头脑中提取出有效的解题信息。

学生：那平时应该怎么做题呢？

老师：你认为呢？

学生：闭书定时？

老师：对，闭书定时，还要压缩时间。你觉得，做作业时遵循这样的规则会让你有什么感觉？

第一章 错题分析：高效学习的金钥匙

学生：会让我感受到压力，而且学习过程中存在的问题更容易在考试之前暴露出来，到考试时可能就不会出现乍看觉得会做，但是做着做着就不会了的情况。

老师：（笑）点赞。

学生：（笑）我的学习过程中存在的问题好多呀。

老师：老师讲一道题时，你更关注这道题的解题过程，还是更关注这道题属于哪类题型，解这类题型时需要用到什么样的解题思路和技巧？

学生：我更关注解题过程。

老师：平时有总结、归纳老师讲过的题的习惯吗？

学生：会整理错题。

老师：怎么整理呢？

学生：就是把错题抄下来，在旁边写一遍正确的答案。

老师：再遇到差不多的题时，能做对吗？

学生：还是会做错，所以我有时候不愿意整理错题。

老师：你觉得问题出在哪儿？

学生：可能出在我没有分析将题目做错的本质原因。

老师：平时你都是怎么做题的？

学生：怎么做？就是拿到题就做呀？

老师：一种做题方式是凭直觉做，做不出来就换一个思路；另一种做题方式是先想想题目考查的是哪个知识点，关于这个知识点有哪些基本题型，眼前的题是由什么样的基本题型组合或者变形而成的，解答时需要运用哪些解题思路和技巧，再着手解题。你习惯用哪种做题方式？

学生：第一种。

老师：第一种做题方式基于识题量，是凭直觉、灵感仿照以前做过的题而做题的方式；第二种做题方式基于知识体系和思维训练，是通过知识迁移做题的方式。

学生：哦，难怪，我做题的时候确实会将眼前的题和曾经见过的题对比。我做作业的时候，只想着尽快完成，没有总结提炼过知识点，所以试卷上的题和以前做过的题稍有不同，我就不会做了。考场上的焦虑是无效的，平时学到位，考场上才不会焦虑。

老师：请闭上眼睛想一想，如果现在，你正面对着一道乍看时觉得会、做着做着就不会了的题，你有什么样的感觉？

学生：（闭着眼睛，过了一会儿，扑哧一声，笑了起来）现在觉得自己好可笑。

老师：为什么呢？

学生：我想起了童话《贪婪的老太婆》中的那个老太婆。

（做某道题的思路不是很清晰，很纠结，焦虑程度为6~7。）

学生：老师，可以略过这一条……

老师：还是探索一下这个问题吧。这个问题在向我们反馈什么信息？

学生：平时没有将一些知识点学清楚，这与学习策略有很大关系，我的学习过程亟待优化。

老师：知识的储存量与思考的深度和难度息息相关。用事实说话，看到自己的问题，感觉如何？

学生：真的很受触动，一再看到的"考前不努力，考场受阻力"画面，给了我很强的改变的驱动力。

第一章　错题分析：高效学习的金钥匙

老师：那么我想再问一下，一定要会做且做对试卷上的所有题目吗？

学生：好像是的，从小我妈妈就说，就算遇到不会做的题，也要动笔呀，怎么能空着呢？

老师：那是你妈妈什么时候说的话？这样做就一定是好的吗？

学生：上小学的时候，我妈妈这样说的时候多些，似乎我妈妈就见不得我考试时空题。

老师：妈妈的话对你有什么影响？

学生：只要考试的时候遇到不会做的题，我就不舒服，很焦虑，无论如何也要花点时间想一想、做一做。

老师：考试时间有限，如果真像你说的那样，无论如何都要抽些时间去做不会做的题，不允许自己空题，会出现什么状况呢？

学生：我会催自己快点做会做的题，会赶时间。

老师：是否可能因此做错原本会做的题呢？

学生：哦，是的，发生过这样的事。

老师：不允许自己空题，不允许自己有不会做的题时，会有什么感受呢？

学生：我会非常焦虑。

老师：我说过，高考是选拔性考试，高考试卷是要区分出学生的学习程度的，你怎么看？

学生：确实，不是每一道题我都要会，都要做对。我把自己会做的都做对，就很有可能去我想去的学校。如果我想做对试卷上的每道题，我需要做的不是在考场上逼迫自己，而是在考前的学习过程中努力。所以，在考场上，要允许自己有不会做的题，允许自己空题。

老师：请闭上眼睛，听我说。我有能力做对题，我有权利出错，我爸爸允许我出错，我妈妈允许我出错。请跟我一起重复这几句话。我有能力做对题，我有权利出错，我爸爸允许我出错，我妈妈允许我出错。

学生：（闭眼跟着念，声音越来越小）我有能力做对题，我有权利出错，我爸爸允许我出错，我妈妈允许我出错……我妈妈允许我出错，这句话我念不出来，我觉得我妈妈是不允许我空题、出错的。

老师：你自己允许吗？

学生：我以前也是不允许的，经过老师的辅导，我现在允许了，因为我必须允许呀。

老师：那好，如果你允许自己空题、出错，回家后可以尝试跟妈妈沟通吗？把你的理由告诉妈妈，再听听妈妈的想法，怎么样？

学生：好。

（某道题的思路简单，但是运算过程很复杂，计算出的结果很奇怪，焦虑程度为 7～8。）

老师：为什么会在这样的时候焦虑呢？

学生：我花费了很多时间在这样的题上，但做出来的结果很奇怪，会让我感觉我白白浪费了时间，我不能接受。（停了一下）似乎又是对自己的不允许。

老师：感觉运算过程很复杂，有没有可能是因为忽略了运算技巧呢？

学生：有些运算过程是需要用到运算技巧的，有些运算过程好像就是很复杂。

老师：你平时会收集、整理运算技巧吗？

学生：不会。

老师：那么，让你焦虑的到底是运算过程复杂，还是结果很奇怪呢？

学生：都是。

第一章 错题分析：高效学习的金钥匙

老师：为什么会因为算出来的结果很奇怪而焦虑呢？

学生：因为跟我期待中的结果不一致。

老师：和你期待中的结果不一致就一定是错的吗？

学生：不一定。

老师：还记得我说过的仿做以前做过的题和通过知识迁移做题吗？

学生：记得。

老师：如果仿做以前做过的题，会有什么感觉？如果通过知识迁移做题，又会有什么感觉？

学生：仿做以前做过的题就有不踏实感，通过知识迁移做题更靠谱些。

老师：那我们想想，思路简单，但运算过程很复杂，运算结果很奇怪的题在告诉我们什么？

学生：过程正确才能保证结果正确，很奇怪的运算结果未必不是正确答案。

老师：我们该怎么办呢？

学生：还是要注重积累运算技巧，解题不能凭直觉，要运用自己建立好的知识体系解题。

老师：考场上的不确定感一定来自考场上的体验吗？

学生：好像平常做题时就有不确定感，所以考场上的不确定感才更加突出。在您这样问之前，我确实没有注意过这个问题。

老师：我们说的"平时千日功，考场一分钟"是什么意思呢？考场上的做题时间是有限的，如果依赖知识体系做题，速度比其他同学慢半拍怎么办？

学生：我们要在平时就建好知识体系，运用知识迁移的方法做题，这样在考场上就会更快、更准确地解题。

老师：（笑）点赞。

学生：老师，我发现，我学习中存在的问题，原因大多是相同的。同学们的学习方法是不是和我的差不多呢？难道我们的学习方法都有问题吗？

老师：我们不谈别人，你觉得你自己的学习方法有没有问题呢？

学生：有很多问题。

老师：问题即答案。看到问题是好事哦。

学生：（看着自己书写的问题单，想了一下）老师，好像我开窍了。第八条、第九条、第十条会让我焦虑的原因和前七条差不多，也和我的学习方法有关。

老师：看到你自己给自己画的圈了吗？

学生：确实，是我自己把自己套牢了，所以才感到很焦虑、很苦恼……

老师：可以尝试着写一下接受辅导后你的发现吗？

辅导后学生心语

最近一段时间，我对数学考试的焦虑越来越严重。经过老师的辅导，我发现自己的问题是平时学得不到位，考试的时候又强烈渴望有好的考场体验，并取得好成绩，不能接受在考试中有不会做的题和做题速度慢。焦虑和试卷上红色的 × 一样，只是哨兵。它们在告诉我，平时需要调整学习方法，只有平时学到位，才有考得好的可能。我需要改变做作业的习惯，还需要就今天学到的内容和我妈妈沟通。知道了问题所在后，我感觉我的学习思路更清晰了，有了明确的改进方向，谢谢老师。

第一章　错题分析：高效学习的金钥匙

辅导后老师小结

在学生群体中，考试焦虑是一种非常常见的情绪。这种情绪看似与学生本人的考场体验、分数、名次有关，但与学生深入交流后，就能发现，学生产生这种情绪主要和他们的学习能力与当下的学习任务难度不匹配有关。

遭遇瓶颈的学生很多，并非他们中的每个人都像这名学生一样焦虑。我发现，焦虑的学生背后都有一个持续影响他们的焦虑源。在这些学生的成长过程中，对他们有高期待的成人，会对他们的生活和学习提出高于他们实际水平的要求，却没有引导他们找到可行的步骤和策略。处于弱势的学生常常因此受挫，他们没有足够的能力和资源处理和应对挫折，因而产生强烈的恐惧感和不安全感。这会进一步加重他们对外界甚至对自己的不信任感。负面情绪在学生的心中日积月累，不断强化之后，就会让他们将对某些事物的焦虑泛化到其他事物上。比如，案例中的学生就有不允许他出错、不允许他空题的妈妈。妈妈的不允许化为他的负面信念及固定型思维，造成他忽略甚至直接屏蔽学习过程，过分关注分数、名次等，久而久之，焦虑成为必然。

在考后的情绪复盘中，要用事实说话，调整认知，让学生看到焦虑背后的真相，从而把学生的关注点转移到对学习过程和学习策略的优化上来。找到对策，焦虑就会被淡化。

针对案例中学生的诉求，我邀约了他的妈妈参加学校"父母课堂"的学习，优化他的学习环境，同时也对他持续跟进，调整他的学习过程与学习策略，效果非常不错。

第二章

考试力的秘密：要想考得好，怎么考

有稳定的核心竞争力，才能以不变应万变。

第一节　考试力是考场上唯一的确定性

考试中充满激烈的竞争和不确定性。学生能做的，就是提升自己考出最佳水平的能力，我们称其为考试力。

出题人必然会通过一定的命题技术，在试卷上设置一些陷阱，让一部分学生陷入其中。因此，我们不要奢望中考、高考会降低难度，而要根据自身情况，加强对不同难度试题的训练力度。

在平时的测试中，老师会按照选拔性考试的要求，控制试卷上的简单题、难度适中题和难题的比例。简单题和难题是学生们最容易做错的，这两类题常使学生的考试心态出现问题。遇到简单题时，学生若窃喜、轻敌，就可能犯一些不该犯的错；遇到难题时，学生若焦躁、自责，就可能无法静心读题。就如同我们去果园采摘时，不在意那些熟透之后掉在地上的好果子，又够不到挂在树上的果子，最后的收获就可能寥寥无几。考试时，要让分数"颗粒归仓"，就一定要先把"掉在地上的好果子"一个不剩地捡起来，如果有余力，再去够"树上的果子"。

不确定性还可能来自考场上一些其他因素。

  我的一位同事在女儿参加高考前，给她女儿做了多次心理建设，以为不会出现什么问题。女孩进了考场，坐到自己的位置上后，衣袖被桌子上的一颗钉子挂住了，所以她挪了一下桌子。前排的考生感觉后面有动静，就回头瞪了她一眼，意思是让她保持安静。监考老师注意到了他们，朝他们走来。女孩变得紧张，之后的做题过程也不顺利。

  她本来是想冲清华、北大的，但一个小插曲影响了她的心情，使她没能发挥出最佳水平，不能不说留下了一个遗憾。

  这个女孩遇到的是一颗钉子，其他同学遇到的可能是噪声、开得过冷的空调等。我一再强调，考试充满不确定性，同时也有稳定性和规律性，而不是毫无章法、令人无所适从的。

考试就是战斗，除了注重平时积累实力外，我们也需要注重策略和方法的收集与运用。如果能在平时的测试中多练习应试技巧，在中考、高考的考场上就可以灵活应对，以最佳状态面对考试。我们常常希望自己在考试时如有神助，超常发挥，但真正的"神"是我们自己。

  首先，我们要知道，虽然可拿来作为考题的题目浩如烟海，但大多数题目都是固定题型和固定考点的变形、组合。如果我们平时打好底子，对所有题型了如指掌，知道题目经过了怎样的变形，其中的核心考点是什么，那么我们就可以做到任题目千变万化，也心明如镜，稳如泰山。

  其次，应对考试是有方法的。×密码学习法充分考虑到了考试的不确定性，是一套能最大限度减少做题失误、应对考试风险的学习策略。它在每一个学习环节上为学生保驾护航，帮学生夯实基础，完善知识结构，提高对知识的熟悉程度，在考试中，拦截"偷分贼"，保证做对会做的题。

如果能够在平时的学习中践行 x 密码学习法，那么我们就能以一颗正念的心，从容面对考场上的意外状况，视其为小小的考验，随它们来、随它们去，专注于手中的试卷。

考场上，我们只有拥有稳定的核心竞争力，才能以不变应万变，与考试共舞，轻松驾驭考试，考出好成绩。

第二节　导致发挥失常的14个陷阱与应对策略

注意力分散怎么办

外界刺激导致注意力分散，是考场上的第一杀手，会让学生在读题、理解题意、计算、填涂答题纸等过程中犯错，我们称为偷分贼。根据我们的调查，多达96%的学生认为自己做错会做的题的原因是注意力分散，76%的学生表示注意力分散最容易引发的错误是计算错误。比如，在数学考试中，用心算代替笔算，受情绪、个性影响等都会导致注意力分散，进而出现计算错误。

我有一名十分认真、细心的学生。有一次，她来找我帮她做试卷分析时，我发现，试卷上一半以上的错题都是她会做的，而且错误集中出现在试卷后半部分。我问她："你的这张试卷很有意思啊,答试卷的后半部分时考场上发生了什么?"她沉思了一会儿,说:"我想起来了,那天考试时间过半,突然有老师进来。我以为他只是巡查考场,结果他说有一道题目有错误,让大家改题。这也不是大问题,但是,我突然听到一名同学说'啊,我都已经做完了'。我当时就慌了,心想'完了,完了,有的同学都做完那道题了,我还没做到,我做得太慢了'。我的注意力分散到别人身上,自然就无法落到自己的试卷上了。所以,老师您看,我会做却做错的题都集中在试卷的后半部分。"

注意力一分散,错误就接踵而至。据我统计,考试时,注意力分散的表现有:

◇ 读题时,看错或遗漏解题信息。
◇ 看到似曾相识的题目时,关注头脑里题目的信息而忽略了眼前题目的信息,导致信息输入的过程出错。
◇ 解题时,忽略或者忘记答题要求,出现笔误。
◇ 解题时,发呆,想别的事情。
◇ 填写答案时,出现笔误或遗漏部分答案。
…………

那么,如何在考试时赶走偷分贼呢?

学会识别偷分贼出没的信号

偷分贼出现的原因有很多,天气过冷或者过热,对考场感到很陌生,听到噪声,监考老师走来走去,邻座考生的小动作多,试卷的印

第二章　考试力的秘密：要想考得好，怎么考

刷质量不好，试卷上的图不标准等都可能给学生带来紧张、焦虑的感觉，影响学生的心情，分散学生的注意力。但是，我们可以把噪声、天气、考场、老师、同学、试卷看成偷分贼吗？当然不能。外界刺激引发的注意力分散，才是偷分贼。一些外界刺激导致学生产生的情绪，占用了学生大脑的工作区间时，学生的注意力就会分散，答题过程就会受到影响。如果在考试这样的关键时刻，大脑中还有很多杂念，那么估计在听课、做作业时，大脑中的杂念可能只会更多，不会更少。

大脑的"房客"都是好动的，要在流动中争夺空间，这就是为什么我们稍不留神，注意力就从眼前溜到九霄云外。

偷分贼出没时，我们的注意力常常不在眼前的试卷上，而是游离的。断断续续的思路，使我们犯一些"低级"的错误。要想避开它们，我们就要听到自己内心的声音，敏感地发觉我们头脑中出现的一些一闪而过的、分散注意力的信号，比如"好热啊""监考老师怎么站在我旁边了""这是什么声音啊"，都是偷分贼出没的信号。

在考试时，我们的大脑会自动将找到的解题思路和技巧，需要用到的定理和公式等设置为工作重点，而将看准并写准数据、小数点、括号内单位，做准简单运算等放在次要位置上，这就使得大脑常在做次要位置上的工作时出错。所以，我们在代入数字、进行运算、填涂答题纸时，要给大脑设立新的工作重点，以保证注意力集中，不忽略答题步骤、单位等必要的答题要素，不犯简单错误。我们是在哪里掉进坑的，就要在经过那里时提高警惕。

此外，如果我们的注意力不在做题上，而是在情绪上，以及引发情绪的事物上时，偷分贼可能就会出没，导致我们读题、解题、输出答案时忽略关键信息。

要想赶走偷分贼，就要做好自我觉察，保持警觉。能够听到自己内心的声音，看到自己的注意力在哪里，用意志力在自己的大脑中立起一道防护网，摒弃杂念，或者将杂念安顿好，让它们待在不影响我们学习的角落里，与我们"和平共处"。

全神贯注，调动各个感官

唯有全神贯注，才能保证信息输入和输出答案时，也就是读题和写答案时不出错。平时在这两个环节中有意识地训练自己良好的读题习惯和答题技巧，是不再做错会做的题的关键。

要想全神贯注，我们就要做到：

读题的时候，避免一目十行，应一句一句地默读。同时，用手中的笔画出重要的已知条件、未知条件、答题要求等，尤其要画出题目中的关键词。注意标出隐藏在字、词、句中的陷阱，有的时候失之毫厘、谬以千里。如果题目中有图，可把题目中的已知条件标注到图的相应位置上；如果题目中不包含图，但画图有助于厘清解题思路，就可以在草稿纸上自己画图，同时标注已知条件。

在输出答案时，要调动各个感官，做到专注、认真、细致。手在写、眼睛在看的同时，嘴巴也可以默念，保证写下的字、词、句是正确的。

每个感官都参与做题过程会营造出一个全然专注于当下的"小宇宙"。只有在这种状态中，我们才能心无旁骛，让大脑高速运转，准确地解读题目中的信息，迅速提取大脑中的信息，做到精准表达，不出纰漏。也只有在这种状态中，我们才能感受灵感降临，发挥出最佳水平。在平时做题的过程中，我们要通过练习提升自己全神贯注的能力。

在平时的学习中，养成良好习惯

有的学生在课堂上能听得进去并认可老师讲的学习方法和答题方法，但不在学习和平时的考试中实践、练习。他们永远待在自己的舒适区里，用旧习惯做题，所以他们常常无法改变自己的学习现状。

所以，我们不得不说一说习惯的养成。旧习惯常常是以让我们感到舒服的方式在不知不觉中养成的。如果改掉旧习惯，就要做到不再以习惯运用的方式做事，让已经形成的神经回路因为不再接受刺激而变细、萎缩，逐渐消失。同时，不断以新的方式做事，建立新习惯的神经回路。

改掉旧习惯很难，因为改变的前提是放弃使用那些让我们感到舒服的旧习惯。

例如，要改掉粗心大意，遇事不假思索，凭本能、求速度、不注重细节的坏习惯，就要从全神贯注做题开始。说起来简单，但做起来并不简单，涉及提升自我觉察力、意志力和多感官配合，还要有坚持的精神。通过一次次的练习，新的神经回路代替旧的神经回路，新的习惯才能形成。改掉旧习惯的过程是刻意的，新习惯一旦形成，我们就会在不知不觉中选择新习惯。

心态波动怎么办

考试时，我们的大脑高速运转，我们的内心同时不断响起各种声音："快点，快点，时间不多了。""完了，这道题我不会。""太好了，这道题我做过。"这些声音出现时，正是偷分贼出没的时候。紧张、心慌、得意、烦躁等心态的波动往往给我们带来行动上的偏差。

在做试卷分析时，我发现，学生因为心态波动做错会做的题相当普遍。一名学生曾告诉我，考试时连续遇到两道熟悉的题，他很开心，在草稿纸上一气呵成地解出答案，却在填写答案时，把两题的答案填反了。

经过统计，学生遇到以下情况时会产生心态波动：

◇ 想着时间很紧，求快。

◇ 遇到计算量大的题，出现烦躁情绪。

◇ 遇到难题，暂时想不出来。

◇ 解出难题后，过于开心。

◇ 认为题目太过简单。

◇ 题目看起来很简单，分值也不高，但没有找到解题思路。

◇ 即将答完一道题，开始看下一道题。

◇ 频繁翻看前面空着的题。

◇ 连续几道题都不会做。

◇ 做完所有题目，还剩下很多时间。

◇ 听到翻试卷的声音。

…………

宁停三分，不抢一秒

我们发现，求快是学生在考试中最容易出现的心理，非常容易导致学生做错会做的题。针对这种情况，我们一再强调，在考场上要遵循一条铁律——"宁停三分，不抢一秒"。部分学生总想快点做完题，在考场上：漏单位，跳步骤；靠心算，凭直觉；看到熟悉的题时，不顾陷阱，提笔就写；做单选题时，不看全选项；填涂答题纸时，不认真核对答案。这些做法都是不可取的。

考试的严酷性的体现之一，就是要求学生在有限的时间里写出试题的正确答案，以此考查学生对知识的熟悉程度和运用能力。所以考试时，自然得全神贯注、全力以赴，以求做得更快。但考试分数不是按做题速度给的，而是按答案的准确程度给的，追求速度不能以牺牲准确性为代价。

学会用慢系统思考

诺贝尔经济学奖得主丹尼尔·卡尼曼在他的著作《思考，快与慢》中指出，很多情况下，人并不是理性的，偏见是人与生俱来的缺陷。人会产生非理性观念与偏见是因为人类的思考模式是由两个系统支配的，它们分别是快系统和慢系统。快系统的运行依赖直觉和无意识，它的反应速度很快，几乎不需要我们的努力就能帮助我们完成任务。慢系统是懒惰的，运用这个系统是费力的，需要我们集中注意力，主动控制思想，有意识地进行思考，它的优点是理性、精确。

我们的思考模式在两个系统间切换。由于慢系统懒惰，会耗费我们很多精力，所以我们生活中对大部分问题的思考都是通过快系统完成的。用快系统思考虽然速度比较快，但是存在很多缺陷，容易导致我们产生偏见，出现失误。丹尼尔·卡尼曼说："我们往往想要找到一种更慢、更严谨、需要投入更多脑力的思考形式，这就是慢思考。"

在考试时，我们运用快系统读题、解题、填涂答题纸是危险的，它特别容易让我们在浑然不知的情况下犯错。很多学生在知道试题答案后，拍脑袋直呼后悔，就是因为他们在做题时让快系统工作，让慢系统沉睡，结果掉进出题人设计的陷阱里。

我们要在考试中提醒自己，"宁停三分，不抢一秒"，充分发挥慢系统的作用，避开题目中的陷阱，做对会做的题，这是考试的基本目标。

需要提醒同学们的是，用慢系统思考、做题不等于放慢做题速度，而是思维要缜密，书写时要准确、规范、工整，让多感官协作（眼看、口念、手写），以保证解题的速度和准确性。中考、高考越来越注重考查学生对试题的分析理解能力和对知识点活学活用的能力，在一些学科的考试中，学生需要阅读的文字量增大，所以，我们提倡在做题时，尽量一次性做对。

培养适应不同考试状况的能力

其实，保证速度的关键在于熟练掌握知识点以及解题思路和技巧，储备丰富的知识，做大量的专题练习。考场上心态是否平和与平时的学习状态密不可分。如果在考试之前，学到位、复习充分，那么在考场上自然胸有成竹。即使遇到难题，也可以暂时放下，待做好其他题目后，再杀"回马枪"。

一些考生具有的个性气质使他们特别容易受风吹草动的影响，这部分学生需要不断地培养自己适应不同考试状况的能力。

受负面情绪困扰怎么办

很多学生带着负面情绪学习、考试，走进我的咨询室。负面情绪的出现往往有复杂的背景和深层次的原因。

在我们的学习打卡群里，一名学生几乎每天都会抱怨作业多，考试频繁，父母唠叨，被学霸碾压，眼睛疼、头疼、失眠。看得出，她长期处于身心俱疲的亚健康状态。

经过交流，我了解到，她和父母的关系以及她的童年生活经历使她具有敏感、忧郁的心理特质。她有时会放任自己的负面情绪，沉溺其中不能自拔，这也是她吸引别人关注的一种方式。

她说，在最近的一次考试中，她没考好的原因在于，她讨厌的同学就坐在她旁边，那名同学还向她借橡皮。她很烦，不想借，但又觉得不借不好。更让她崩溃的是，监考老师看到同学向她借橡皮，就一脸严肃地看向她们。"结果，我就失败了！"她很沮丧地说。

有些学生的情况更严重，由于父母对他们的期望太高等原因，他们对考试完全采取逃避的态度，无法正常参加考试。简单的心理调适对他们只能产生暂时性的效果，他们需要接受心理干预。

据统计，56%的学生在考试中会受到负面情绪影响。带着情绪去考试，自然影响水平的发挥。因为，情绪过载之后，思考能力就会减弱，自然考不出好成绩。

在考场上，受负面情绪影响的主要表现有：

◇ 怕被爸爸、妈妈、老师指责，一考试就紧张，需要花很多时间调整心态。

◇ 患得患失，总怕出错。

◇ 担心时间不够，很紧张、焦虑。

◇ 大脑一片空白，找不到解题思路。

◇ 听到要考试，就肚子疼，想逃。

  ············

以上情况会或多或少地出现在学生身上。如果焦虑的程度过高，影响了我们在考场上的正常发挥，我们就需要思考："我为什么如此焦虑？"只有找到问题的根源，才能对症下药。

不少学生的负面情绪产生于家长的固定型思维，要想缓解学生的负面情绪，家长就要让平时的考试回归查漏补缺的本质。一些家长要求学生在每次考试中都取得好成绩，长期承受这种压力的学生像长期紧绷的弦一样，逐渐失去弹性，变得脆弱。考试焦虑就是脆弱的一种表现。

平时的考试是中考、高考的情报官，能够给我们很多重要的信息反馈，所有试卷上的×和导致×出现的身心状态，都在告诉我们需要向什么方向调整。要想克服焦虑，首先要学会和焦虑共存，接纳并且允许自己焦虑，明白平时的考试可以帮助我们完善知识结构，提高对知识的熟悉程度。在这样的观念下，我们就会拥抱考试，拥抱试卷上的×，缓解考试焦虑。

当然，很多观念并非一朝一夕能改变的，出现焦虑情绪时，我们需要积极进行调节。大家可以在平时练习三种自我调节方法，也可以在考试突发焦虑时，通过这些方法来放松身心，临时救场。

提分锦囊

三种自我调节的身心放松法

正念呼吸法

低头，用力地吸气，给自己的全身来一次充氧。感觉气流从鼻子进入，流经气管，流经肺部，流经腹部，进入我们的四肢，感受我们身体的每一寸肌肤都吸收了新鲜的空气。然后，再慢慢地用嘴巴吐气。我们常常是从喉咙开始感受到紧张的，用嘴巴吐气就是为了让喉咙放松。将肺泡里的气排出来，让全身都感受到放松。然后，重复这一过程。

这样做五次，就可以放松自己。

方寸呼吸法

此处的方寸指身体前面中轴线与两乳尖连线的交叉点。我们在考场上感到情绪波动影响了答题状态时，可以尝试把注意力集中到这个地方。我们将感受到，这里有一股非常混乱的气在湍动，似非正常的心跳。它让我们的呼吸变得不规律，心神不宁，无法专注于当下。所以，要及时使之归顺。

练习方寸呼吸法就从这股气入手。当我们感受到方寸之间混乱的气后，深吸一口气，让这口气顺着鼻腔、气管笔直向下，直接去冲击那股混乱的气，带动它变得有序。然后深呼一口气，把这股气吐出来。

反复这样做几次以后，方寸之间那股混乱的气就会融入正常的呼吸。我们会惊讶地发现，方寸之处变得平静，情绪也随之平静。

全身蜷缩放松法

闭上眼睛，以肚脐为中心，如同在妈妈子宫中的胎儿一样，将双手、双臂、双腿、脑袋、躯干的上半部分和下半部分蜷缩在一起，在心里默念："紧！紧！紧！"尽量将自己紧紧地抱成一团。

然后再慢慢地舒展自己的身体，默念："松——松——松——"感受自己完全放松，睁开眼睛。配合正念呼吸法，再做两次，让身体、心理和行为同步蜷缩、舒张。

这三种方法简单易行。每当我感到心烦意乱或者焦虑时，用这三种方法就可以让情绪慢慢地稳定下来。同学们在平时感到情绪波动较大时，可以用它们来调整自己，也算是进行自我调节方法的固化练习，这样在考场上出现情绪波动时，不至于忘了还有这三种可用的方法。

动力不足怎么办

在我做试卷分析访谈过程中，很多学生提到自己的考试状态有问题是因为平时学习和考试的动力不足，具体表现为：

◇ 平时懒散，学习的自主性不够。
◇ 付出的努力没有得到回报，就不想学了。
◇ 发现班级里其他同学不学习，就跟着不学了。
◇ 禁不住小说、电视剧、游戏等的诱惑。
◇ 考前不想复习。
◇ 觉得考试是麻烦的，常常应付。
◇ 考砸一科，就心态崩溃，破罐破摔。
••••••

怕苦、贪玩、发懒、拖延、从众、容易放弃，说到底都是因为动

第二章 考试力的秘密：要想考得好，怎么考

力不足。学生出现这样的问题时，对他们讲道理是不管用的，我们要知道他们为什么会这样，然后有针对性地帮助他们调整。

有一名女生告诉我，一次考试时，她感到有点困，就想睡一会儿再答题，于是，趴在试卷上睡着了。老师把她推醒时，她才发现自己已经睡了30分钟。她用飞一般的速度，也没做完后面的题。

她上小学时成绩很好，她的父母总是用玩具、零食、旅游来奖励她。她上初中后，父母对她的要求越来越高，身边的学霸也让她感觉压力越来越大，一次次受挫让她产生了逃避心理。在考试时睡着，是很有心理意味的。她是在借此告诉父母"我不再是你们眼里的乖宝宝，我想怎么学、怎么考都是我自己的事"。在这种情况下，如果父母一味地批评她、指责她，只会让亲子关系充满火药味儿。

我一直坚信每个孩子都是想学好的，只是，学着学着，孩子之间的距离就拉开了，他们的学习动力系统也有了强弱之分。通常，那些学习动力强的孩子平时就有自主学习的习惯，并且掌握了学习方法和考试策略，他们的成绩自然更好。而那些学习动力不足的学生在考场上常常神情恍惚、草草答题、匆匆交卷，甚至趴着睡觉，他们在平时学习时，也常常处于这样的状态中，成绩自然不会好。

如何让孩子有充足的学习动力？聪明的父母懂得在日常的生活和学习中给孩子赋能，帮助他们找到梦想，激发他们对学习的热情，让他们有自主学习的意愿。这样，孩子才会自觉自发地学习，最终走向自立。

许多父母总是让孩子在自己的安排、控制下学习，其实有的时候，退一步反而会收获意想不到的效果。

在我的×密码学习法课堂上，有一名被妈妈逼着来听课的学员。他的学习成绩一直不理想，父母做了很多努力都无济于事。在我看来，他比较欠缺学习主动性，注意力也不集中，别的学生认真思考老师的提问时，他常常是一副心不在焉的样子。老师点他的名字，让他回答问题时，他也总是支吾一下就过去了。

他的妈妈反而是来听课次数最多的学员家长，我本来是限制家长旁听的次数和时间的，但这位妈妈特别诚恳地让我给她旁听的机会。她就住在培训班附近，家里的老人管家务事，她的先生忙于自己的工作和应酬，提高儿子的学习成绩是她的头等大事。所以，只要她儿子来上课，她就跟着来，坐在教室的最后一排。这位妈妈听课时比她儿子认真多了，眼睛盯着老师，生怕漏掉任何重要信息，一丝不苟地记笔记，课间还会和老师交流孩子最近的表现，希望老师多加指点。

感动之余，我也明白了，为什么她儿子对学习不那么上心，原来他有一个如此替他上心的妈妈在着急。父母急，孩子就不急。父母包办得太多、代替得太多，孩子就可能会放弃承担自己成长过程中该承担的责任，缺乏深度思考的能力，成绩自然没法提高。

事实上，这个孩子并非一无是处，他对电子设备、互联网颇有研究。他的家人需要解决有关电脑、手机、互联网等的问题，都会找他。前不久，他的外公焦急地说自己的智能手机丢了，他快速地在电脑和手机上操作了一番，就找到了手机丢失的位置，然后带着外公一起去附近市场的一个角落里找到了手机。后来，孩子的外公经常夸他，他的信心越来越足，学习成绩也逐渐提高了。

当他的妈妈告诉我这一切时，我笑着对他的妈妈说："你看，你管得越多、越细，孩子就越无能。在你们管不了的地方，孩子是非常有动力和自主性的。哪方面受孩子自己控制，并且能让孩子得到自信，孩子那方面的能力就会蓬勃发展。你说，孩子以前成绩不好是谁的问题？"

这位妈妈终于承认："是我的问题，我再也不像从前那样管他的学习了。"

每个孩子内心都有向上的、求好的种子，都有让种子发芽生长的动力。家长要尊重、接纳、包容孩子的内在动力，让孩子按他们本来的样子健康、茁壮地成长。

受到个性局限怎么办

我们在考试中的表现会体现我们的个性气质，而个性特质也影响着我们在考场上的发挥。良好的个性让我们在考试中既有稳定性，又有爆发力，而畏难、犹豫、随性的个性往往会使我们在考试中"翻车"。

通常来说，在学习和考试中，受个性局限的表现如下：

◇ 觉得学得怎么样、考得怎么样都无所谓。
◇ 不看完题目和选项就答题。
◇ 怕麻烦，总是选择单一的解题思路。
◇ 本来可以做对，总担心自己做错，就没有写到答题纸上。

◇ 不想学习，就不学了；不想考试，就不考了。

◇ 故意违反考试规定，有逆反心理。

◇ 学习态度不踏实。

◇ 考试时，喜欢不停地琢磨难题，时间不够用。

上述每一种表现的背后，都有不同的深刻原因，但它们都会导致一个结果——失分，对自己产生负面评价，丧失动力，然后陷入恶性循环。

我的学员中有两名成绩差不多的同学。

A 同学历来是全年级前 10 名。对于分数，她既重视，又有点小骄傲。她认为轻松学习很重要，不要对考试抱有太大的功利心。每次考完试，她明白试卷上的所有题需要怎样解答后，就不会再深思了。

B 同学的成绩和 A 同学的成绩略有差距，她一直将 A 同学视作激励自己的标准，对自己的要求很高。只要她的试卷上有错误，她就会高度重视，一定要打破砂锅问到底。她曾经来问我："答高考真题时，我能答好，但为什么我每次答模拟题时，都答不好？为什么 A 同学答模拟题和高考真题都能得高分？"正因为她对每个小问题都非常重视、认真审视，所以，她后来提分明显，高考时，她的成绩比 A 同学的好。

这就是个性对考试成绩产生影响的典型例子。

个性中既包含先天因素，也包含后天因素，没有绝对的好坏优劣之分。单纯就考试这件事来看，足够的重视，对分数有"颗粒归仓"的目标感，有利于我们在考前认真学习，在考试时正常甚至超常发挥。

第二章　考试力的秘密：要想考得好，怎么考

在青少年阶段，学习知识固然重要，但塑造成熟的心智、完善的个性更为重要。×密码学习法也要求学生通过分析试卷上的×，复盘考试过程，了解自己的个性对考试的负面影响，再有针对性地进行调整。这是成长的重要内容。

我曾看到过一名男同学通过学习，实现个性完善与个人成长。

他很聪明，也很有个性，刚来到×密码学习法课堂时，总是一副懒得理人的样子，经常迟到，爱说怪话。在做自我介绍时，他不说来自哪个学校的哪个班级，而是说"我来自地球"，逗得其他同学直笑，有些哗众取宠。

有同学回答问题时卡壳了，神情窘迫，他会故意说"你是最棒的！""真优秀！"，然后露出一丝坏笑。他的鼓励其实是戏谑，谈不上是恶意的，但看得出，他想表现得与众不同。我推测，他听过太多空洞、苍白的"你是最棒的""真优秀"，用这些话调侃同学，是想表达自己对这种教育方式的不满。他的表现体现了他的个性。他的思绪不在老师提出的问题上，而是想着调侃同学，这说明他的注意力容易分散。从他的话中，我们可以看出，其实他也很在意他人对自己的评价。下课后，我单独和他聊了一会儿，肯定了他想成为更好的自己的想法，也指出了他不够踏实的缺点。

×密码学习法课堂上常会进行小组讨论，三五人一组，每组的组员要选出有协调能力的主持人、书写能力强的记录员、善于组织语言的发言人。我希望他们不仅能在小组讨论中互动，也能在扮演相应的角色时履行职责，锻炼能力。

有一次，在小组讨论的总结发言环节，这名男同学和同组的同学互相推诿，谁都不愿意上台发言。情急之下，他指着同组的一名同学，大声地说："代表我们小组发言！"他的语气非常强硬，很不礼貌。我问他："你这是在命令呢，还是在请求呢？你们是同学，是平等的。"

他沉默了一会儿，换了一种语气对那名同学说："L同学，请你代表我们小组上台发言好吗？"我说："你看，如果你是L同学，之前的话和现在的话，你更愿意听哪一句？"

他看着我，说："第二句。"

"我们说话不仅仅是说给别人听的，也是说给自己听的。"我对全班同学说，"有一句话请大家记住：非礼勿言。不要对别人说不礼貌的话。"

从那以后，他不再调侃同学，也不再故意吸引同学的关注，而是将注意力放在自己身上，变得沉静了。对自我专注度的提升给他带来了全方位的改变。那个学期末，他的妈妈用微信给我发来了一段很长的文字，告诉我这个学期孩子变化很大，他的成绩原来是中等的，现在能排班级前三名了，而且他变得待人礼貌了，老师和同学都很喜欢他。

我为这名男同学的变化感到高兴。这件事也让我体会到了教育的意义。正如德国哲学家卡尔·西奥多·雅斯贝尔斯所说："教育的本质意味着，一棵树摇动另一棵树，一朵云推动另一朵云，一个灵魂唤醒另一个灵魂。"

第二章　考试力的秘密：要想考得好，怎么考

对知识的熟悉程度不够怎么办

学生看到自己的失分原因是对知识的熟悉程度不够时，通常都会感到有点遗憾，但也无话可说。学得不牢固导致的错误，属于因为不会做而做错的。

对知识的熟悉程度不够的具体表现有：

◇ 答题时，遗漏知识点。

◇ 无法提取题目中的解题信息。

◇ 注意不到题目中的陷阱。

◇ 改错本来做对的题。

◇ 不能很快找到解题思路。

◇ 想不起来或者出了考场才想起复习过的知识点。

◇ 无法用老师讲过的答题模板解题。

◇ 不会辨析解题思路之间的差异，选择了一种比较难的解题思路。

◇ 遇到不会做的难题时，大脑会发散性地想很多事情，不能思考题目。

◇ 老师一讲就明白，自己解题的时候却想不出来。

…………

对知识不够熟悉的原因主要有两点：

一是无视、轻视某些知识点。因故没有学习某些知识点，考前复习得不全面，因为不喜欢某一学科的授课老师而没有在课堂上好好听课等，都会导致某些知识点根本没有被存在学生的大脑里。这些问题是要通过提高学习力，在学习过程中解决的。

二是没有在头脑中建立知识结构。学过不等于熟练掌握。如果在学习时，没有学习策略，不建立结构化思维，不研究题型，只机械性地背题，不提炼、整合、归纳知识点，仅对知识有分散的、碎片化的记忆，头脑中的知识和知识之间就会缺少关联性，学生自然难以在考试中快速、准确地找到解题思路和正确答案。

提高对知识的熟悉程度，功在平时。那么在考场上，我们因为没有熟练掌握知识点，想不起来曾经记过的知识，或不知道如何运用平时学过的知识解题，该怎么办呢？

不要自乱阵脚
果断放弃
保持情绪平稳很重要，如果真的记不起来，就允许自己空题。
保持放松，先做后面的题
如果不想空题，就放轻松，不要因为一时记不起来而乱了阵脚。可以用一些自我暗示的方法保持冷静，比如对自己说："我复习过这道题，等一会儿我就会想起来！一定可以想起来！"有的时候，越放松，越容易唤醒记忆，产生答题的灵感。我们可以先尽己所能地将能写出来的公式、句子或词语写下来，争取得一点分，然后转换思维，去做后面的题。知识和知识之间是有相关性的，有的时候，我们会在后做的题目中，发现前面某道题的解题线索，或者忽然回忆起一些相关的知识点。

如果时间允许，要争取一些分数
如果做完其他题目后还有时间，可以用一些方法争取一些分数。

善用右脑

我们右脑的记忆能力比左脑更强,能清晰且长久地记住图像和情感,相对来说,从右脑中提取信息更方便、直接。想不起某个知识点时,如果时间允许,可以回忆一下是在什么时间、什么场景学的这个知识点,还原情境可能对回忆相关细节有帮助。

合理猜测

猜测也是一种应试方法,我们可以根据平时的做题经验和出题老师的命题习惯掌握一些合理猜测的方法。比如英语阅读题中含有 must、only、never 的选项可能是错的,改错题中的错误可能出在 that、which、a、the 等词上;语文古诗词鉴赏题中,表现手法题的答案多是借景抒情、寓情于景、托物言志等,现代文阅读题中修辞手法题的答案多是比喻、拟人、排比、夸张、借代、设问、反问等。

在不知道答案或者不确定答案是什么时,我们可以通过猜测出题人的意图,写出一些答案。

不过,同学们在平时学习中还是要对自己坦诚,"知之为知之,不知为不知"。想让考试无雷区,会做试卷上的每一道题,就要在平时的学习中多下功夫。要用结构化思维学习,善用分散复习的方法,给知识打上记忆的结;注重知识迁移,反复运用知识点做练习。能在考试时一眼看清考点,并从记忆中提取相关知识的人,才是考场高手。

不良习惯导致出错怎么办

习惯会让我们自然而然地完成某些动作或说出某些语言。每个人都有自己的习惯,包括生活习惯、学习习惯、考试习惯等。我在分析了无数学生的试卷之后，发现一些学生有以下不良习惯：

◇ 平时不预习。

◇ 听课时容易开小差。

◇ 根据对老师、学科的喜爱程度和自己的情绪决定是否认真学习。

◇ 平时做题时不严谨，比较随意。

◇ 平时只关注某道题的解题思路和技巧，不分析题型，也不关注常出现的考点。

◇ 平时不复习，考前集中复习。

◇ 考前不复习。

◇ 考试时，不看时间。

◇ 读题很快。

◇ 字迹潦草。

◇ 用心算代替笔算。

◇ 做题时，不分析题目，在答案中堆积很多与考点无关的内容。

◇ 答题时省略解题步骤。

◇ 答复杂的试题时，不打草稿。

◇ 不保留平时考试的试卷、答题纸、草稿纸。

◇ 做完题后不检查。

◇ 做完题后反复检查。

…………

个体习惯的形成常有深层次的原因，例如父母的养育方式、亲子关系模式等。

我见过这样一名学生，他考前认认真真地学习，考试中竭尽

第二章 考试力的秘密：要想考得好，怎么考

全力地答题，但是只要走出考场，他就绝不再看试卷，不对答案，也不愿意复盘。这是他的习惯。他总是拿到试卷后就不再看试卷这一点，证明他对分数拿得起放得下，洒脱自信。但是，正是他的不复盘行为，没有让考试成为他优化学习过程的方式，所以常常留下遗憾。

我在和他对话的过程中发现，他父亲有一些强势，对他的期望极高。父子间一直存在一些冲突，他的父亲总是叮嘱他考完了要复盘，他偏不。

我问他："是不是在你的潜意识里，你不愿意让父亲如愿以偿呢？"

他愣了一下，皱着眉头想了想，然后说："好像有一点儿。"

帮助学生找到不良习惯背后究竟隐藏着什么，才能让学生做出有效的调整或改变。

一个不良习惯长期存在就说明我们发现问题、分析问题、解决问题的能力不足。那么，如何改掉不良习惯呢？我的经验是，分析痛点，然后下猛药，根治顽疾。

我是湖北省黄冈市人，在上大学前一直说方言。20世纪80年代，大家还没有像现在这样重视普通话，虽然我上大学时也试着说普通话，但是由于大家的普通话也是"百花齐放"，所以，我并未觉得我的"黄冈普通话"有什么问题。大学期间实习时，曾有人指出我的普通话不标准，也有人笑话我，说我说的是"弯管子普通话"。虽然当时我会觉得不舒服，但我很快就忘了他们说的

话，并未觉得自己需要改变。

后来，我就带着我的黄冈普通话走上了语文教学的工作岗位。我现在也想不明白，我做老师的前三年，学生们为什么那么包容我。工作第四年，我被学校任命为年级的语文组组长，学校安排我在一次升旗活动中发表讲话。我一直都没有忘记自己毫不畏惧、非常大方地说出"为中华之崛起而读书"的演讲题目时，几百名学生哄堂大笑的场景。起初，我不知道他们为什么笑，所以没有顾忌地继续演讲，但笑声还是一阵接一阵地出现。渐渐地，我确定是因为一些字的发音不准，所以我被嘲笑了。

那次真实的反馈给了我强烈的刺激，我开始正视自己的黄冈普通话，分析我说普通话时的发音与标准普通话读音之间的区别，找出我出错的规律，并加以修正。

解决一个问题的路径通常有很多。比如，我让学生将我讲课时发音不准的字词写在小纸条上，下课后递给我；让我的女儿给我当老师，在生活中纠正我的发音。

我曾一再反思，为什么我以前说的普通话一直不标准？

经过仔细分析，我认为：一是因为我没有收到强反馈。信号较弱的反馈没有让我感到痛，对于思维被动的人来说，强反馈很重要，痛则思变；二是因为我没有问题意识，以前我没有意识到普通话水平对于语文教师的重要性。

我很庆幸那次让我感到有些难堪的演讲给了我沉重的打击，让我了解到自己说普通话时发音有问题，促使我深刻反思，让我在说普通话方面实现了一定的突破。

学生的学习过程是一个不断发现问题、解决问题的过程，也是成长的过程。考试结束后，试卷上的√或者×就是给学生的反馈。会分析错误背后隐藏的不良习惯，才能积极采取行动，不再让重复性的错误出现在试卷中，让我们的试卷越来越接近完美试卷。

改掉某些不良习惯有点像矫正牙齿，要经历痛苦且漫长的过程，唯有坚持，才能用新的好习惯代替旧的不良习惯。

固定型思维导致出错怎么办

做了很多练习题后，针对一些题型，我们会总结出固定的解题思路和技巧，或者快速答题的方法。在考场上，这些解题思路和技巧、答题方法有助于我们节省时间、快速答题，但是部分考生过于依赖这些方法，常常忽视考题的变化。出题人抓住这种固定型思维误区，时不时地给我们下个套，等着我们自投罗网。

在做试卷分析的过程中，我发现，除了上述例子外，学生在考试时如果受到固定型思维的影响，还会有如下表现：

◇ 觉得一些学科试卷上的最后一道大题很难，自己肯定不会做，还没看题，就放弃了。

◇ 做某道题的时间超过老师或自己的规定，就会很紧张。

◇ 做题一直很慢，即使考试时间紧张，也不会产生紧迫感，因此答不完题。

◇ 在考场上做选择题时，总要将每个选项都想清楚后再选择，不会灵活地排除。

……

"经常""总是""我不行""我做不到"这样的语言背后通常隐藏着固定型思维。

我们要学会随时随地通过言行觉察自己的思维模式,看到我们的思维模式源于哪些知识、固有观点和态度,然后进行调整。

我在课堂上一直很关注学生的语言。在我们的课堂学习和课后的交流、打卡练习中,我会随时捕捉他们的语言体现的固定型思维。结合他们经常身处的学习情境,我总结出了六条成长型思维,帮助他们有效打破固定型思维。

关于理解

固定型思维:"我就是听不懂(这道题我就是不会做)。"

成长型思维:"我忽略了什么信息吗?"

一旦给自己贴上"我不行"的标签,我们就会认为自己无能为力,就可能不再努力改变。然而,提醒自己还能做什么,我们就会把注意力集中在解决问题上。我们如果听不懂课上的知识,就要问自己是否忽略了老师讲的某些信息,是否在上课时一直努力跟着老师的节奏,是否做到了整合、牢记旧知识,当堂消化新知识。我们没有读懂题意时,也要问问自己有没有忽略题目中的信息,是否认真读题了。

关于困难

固定型思维:"这太难了,我放弃了。"

成长型思维:"我得换一种方式试一试,并投入更多的时间和精力。"

放弃是世界上最容易的事,也是最令人遗憾的事,因为放弃做一件事情,就意味着放弃了体会胜利感和成就感的可能。为什么不"换一种方式试一试，并投入更多的时间和精力"？这才是成长型思维。要知道，办法永远比困难多。当学习进入瓶颈期，我们可能会觉得学习很难，自己尽了全力也看不到提升。其实，瓶颈期正是自我突破的时机，可以尝试新的学习方法，并在学习上投入更多的时间和精力。

我们要相信自己，不要急于自我否定，发现某种方法不管用后，不要沉溺于沮丧的情绪，它至少告诉了我们"此路不通"。我们换一个路径，尝试新的方法，并投入更多的时间和精力，说不定就能看到柳暗花明。爱迪生将碳丝应用在灯泡上前，经历过成百上千次的失败。在别人看来，那些失败都意味着挫折，但在爱迪生看来，那些失败都是最好的信息反馈，帮助他排除了众多不合适的材料。

我们在学习时也要如此，用一种方法解不出题，就换一种思路。这种学习方法不合适，那就换一种试试。换一种方法，多一些尝试，就多一些成功的可能。给自己定下方向和目标，越具体越好，经过日积月累，"我不行"就会不攻自破，大家就会发现"我也行"。

关于错误

固定型思维："我犯错误了。"

成长型思维："错误是反馈信息，它们能让我变得更好。"

结果不好大多是因为过程出了问题。题目做错了是结果，只着眼于结果就自责或者选择放弃，是没有价值的。看到错误想传递给我们的信息，学会找到题目中的陷阱，填补自己的知识空白，了解自己的解题思路和正确解题思路之间的偏差，我们才能在接下来的学习中查漏补缺，熟悉正确的解题路径，避免犯同样的错误。这才是错误的价值。

关于满足

固定型思维:"我已经挺好的了。"

成长型思维:"我还可以更好吗?"

"不能做得更好"是很多人会有的固定型思维。他们通常在付出一些努力,小有成绩之后,就故步自封,认为小富即安,缺乏精进精神。有成长型思维的人则不轻易满足,不轻言放弃,常常认为"没有最好,只有更好"。

"书山有路勤为径,学海无涯苦作舟。"汲取知识、提高学习能力是一个永无止境的过程。人类已经破解了很多奥秘,仍然要面对许多未解之谜和无数的新课题。要适应现代社会,就要成为终生的学习者。"我还可以更好"是引领我们不断攀登的路标和旗帜。

关于聪明

固定型思维:"我不可能像他一样聪明。"

成长型思维:"他是怎么做到的?我也要试着向他学习。"

我们不否认人和人的智商有差异,但除智商外,影响学习力的因素还有很多,比如专注程度、努力程度、学习状态、花费的时间和精力、所用的学习方法等。

一个人最真实的一面常常是他身边的人看不到的。别人不一定比你聪明,你只是没有看到别人的努力。只看表象,不看本质,得出的结论就浮于表面。所以,当你觉得自己没有别人聪明时,不妨探寻别人聪明的根源,试试那些"聪明人"的学习方法,没准你也可以变得聪明。

第二章 考试力的秘密：要想考得好，怎么考

关于能力

固定型思维："我不擅长做这件事。"
成长型思维："我试着学一学，会慢慢提高的。"

有一名找我做试卷分析的学生就是用"我不擅长做这件事"定义自己的。他严重偏科就是因为他的固定型思维限制了他，他将大多数时间都投入到他擅长的理科上，所以他的数理化成绩"青云直上"，语文和英语成绩"摇摇欲坠"。如果他能调整自己的思维，相信自己学习语文和英语的能力，并将一些学数理化的时间、精力和学习方法放到语文和英语的学习上，相信他也会学好语文和英语。

在学习中，我们或多或少地都会受到固定型思维的束缚。遭遇失败时，一些同学紧张、难过、气馁，甚至陷入失望乃至绝望的境地，放弃努力，抗拒改变，因循守旧，停滞不前。

大多数能力都需要通过刻意练习培养出来，比如，我们从学 A、B、C 到可以用英文流利地和别人对话，就需要经过不断的刻意练习。不要给自己设限，不擅长、能力不够可能只是因为没有将时间和精力投入其中。假以时日，我们都可能会对自己的语言和语言背后的思维模式具有觉察力。如果觉察到自己的语言出自固定型思维，就需要"按一下暂停键"，然后问自己："真的如此吗？"然后，试着用包含成长型思维的语言与包含固定型思维的语言对话。

我们可以关注思维中的一些环节，思考是否可以用更好的观念代替原来的观念，使其更好地发挥作用。在这样做的过程中，我们需要

尝试着从不同的角度思考同一个问题，不断地重新认知这个问题。

平时，我们不妨有意识地训练自己，运用成长型思维看到自己身上的潜力，帮助自己释放能力，这样我们会发现许多问题并不可怕。如果能视问题为信使，我们就会看到希望，获得做出努力的动力，在困难面前就会多一些尝试的意愿和解决问题的力量，将思想付诸行动。

当成长型思维内化到我们的心智模式中，成为其中的一部分时，我们就会自然而然地用成长型思维思考问题。这样的改变符合我们大脑的可塑性原则，不仅能让我们的学习能力有所提高，更能为我们的身心带来改变，使我们更加自信乐观、积极进取，获得真正的成长。

缺少反思能力导致犯重复性错误怎么办

有很多学生知道自己犯错的原因，也曾下定决心要改。事实是，当他们下次拿着试卷走进咨询室，和我一起复盘试卷时就会发现，故态重现。他们自己很头痛，虽然明白老师讲的道理，但无法将其落实到错误的改正中。

缺少反思能力的表现

同学们犯重复性错误的重要原因之一是缺少反思能力，无法调整行为导致的。一般来说，缺少反思能力的表现有：用惯性思维看待一切，缺乏反思意识；不会进行深层次反思，只关注表面问题；反思错误后没有找到可操作的应对策略。

用惯性思维看待一切，缺乏反思意识

有些学生有思维惰性，不重视试卷上反映出的小问题。其实，小

问题经过日积月累，很可能变成大隐患。小问题一旦集中体现在试卷上，学生就可能失去信心，放弃学习，在学校里混日子，甚至不愿意上学。就算一些问题没有在学生时代的试卷上体现，这些学生走上工作岗位后，他们的能力和发展也可能受其限制。

不会进行深层次反思，只关注表面问题

很多学生在面对试卷上的错误时，急忙改错，不考虑出现问题的根本原因是什么。他们常常忙得团团转，却总是白费力气，让很多错误重复出现。这样的学生总是很勤奋，成绩却没有提升。

如果我们进行反思时，不挖掘深层原因，只停留在对表面现象的分析上，就会发现问题层出不穷，让人难以应付。一些基础好的学生用很多时间和精力解决表面问题，可能也会学得不错，但他们通常依赖机械记忆掌握知识，即使对问题有所反思，也难以举一反三。他们中的部分学生感觉学习是很辛苦的，思维的局限让他们在解决问题时缺乏创意。

反思错误后没有找到可操作的应对策略

只能找到问题出现的原因，却找不到解决问题的方法，也是缺乏反思能力的表现。如果不能将反思的结果用于改变存在的问题，那么学生在进行反思后，就可能会忘记反思过什么，反思的结果是什么。此外，缺少家长和老师的引导也是学生找不到应对问题策略的重要原因。

如何拥有反思能力

越到高年级，同学们越要培养自己的反思能力，学会监测自己的学习习惯和考试习惯、情绪变化和身体反应，反思问题，及时调整，才能打破惯性，走出舒适区。

那么，如何拥有反思能力呢？

一位心理学大师在给学员上课时，讲过一个提高反思能力的方法：想象一下，在你做心理咨询时，有一个你看不见的小人儿蹲在你的左肩，他每时每刻都在看着你的行为、表情，听着你说的话，感受着你内心的想法、情绪的波动，体会着你所有言行举止、心理变化之间的关系，对你的工作过程进行实时的观察和反思。

这个小人儿其实就是心理咨询师的自我，它作用重大，能帮助咨询师在工作时做出经过深思熟虑的决定。

同学们当然也可以用类似的方法培养自己的反思能力，终结惯性思维、重复性错误。每次考试结束后，同学们都要及时自查，进修×密码考试法。考试就是一种学习方法，对试卷进行复盘和总结非常重要。通过做试卷分析发现在学习和考试中存在的问题，列出清单，同学们可以更有针对地解决学习问题，提高考试成绩。

考试后的自查分三步：

首先，试卷分析。

其次，错题整理。

最后，用文字或口头语言，将总结出的经验告诉老师、家长或者自己。

这三步中的每一步都必不可少，第三步尤其重要。对错误原因的内在体会如果没有被表达出来，就难以真正形成可以付诸实践的做法。家长在和孩子讨论时，要给孩子提供一些感受和思考的空间，孩子能比较清晰、准确地用×密码语言表达出自己犯错的原因，就说明孩子通过考试进行了真正的反思。

第二章 考试力的秘密：要想考得好，怎么考

某年的七月初，一期 × 密码学习法课程过半，班上的学生们都经历了一场考试。

我让大家用 × 密码语言分享一下考试心得，练习和巩固此前学过的 × 密码学习法。

提分最明显的 Z 同学在年级排名中进步了 100 名。他说，他的考试经验就是全神贯注，争取会做的全做对。

我问他，在考试之前，他是怎样学习的。他说："我通过预习，搭建知识框架；在课堂上，认真听讲，边思考边储存知识；做作业时，巩固知识、提高能力、总结经验，训练自己的提取力。"

他用 × 密码语言复盘、总结了学过的内容。

这名同学每次来上课时都很认真，课后也坚持打卡，践行课上所学的知识，加上有明确的提分目标，他的进步其实在我的意料之中。

坐在他旁边的 L 同学双手抱臂，一脸凝重。这次他考得不理想，数学考试中的失误尤其多。

他说，考数学时，由于一些原因，考场的门开开合合。他坐前排，注意力立即分散了，没有全神贯注地做题，出现了审题错误。事后，他发现错题全是他会做的题，失分原因是储存力不够。

结合他平时在课堂上总爱和旁边的同学说话、打闹的表现，我告诉他："你的思维很活跃，常常根据老师的话发散，但也常常收不回来。这就影响了你的听课效果，如果在课堂上不能全神贯注地听讲，课后就得花更多的时间和精力补习。此外，你如果平时不能养成全神贯注学习的良好习惯，考试时也很难始终集中精

力做题。我认为，你失分的关键是你的专注力不够。"

　　他瞪着眼睛听得很认真，并且频频点头。

　　J同学刚刚参加了中考，他说，这次算正常发挥。"没控制好有些学科的考试时间，在一些分值不大的题上花了很多时间。这是应试策略的问题。最关键的问题是，我发现自己对知识的熟悉程度不够。"

　　他是在初三下学期备考时间非常紧张时，来学习×密码学习法的。当时离中考只有两三个月了，很多学习方法在他的学习过程中应用得不够充分。他之前欠下的学习债太多，在中考中能正常发挥算是很不错的。我对他说："你学得很及时，学习态度也很认真。你可以在整个高中阶段践行我们的学习方法，这样你对知识和应试技巧的熟悉程度都会大幅提高，多好。"

　　他说，他准备在暑假就开始预习高一的知识，画思维导图，争取在高中阶段让自己的学习变得高效起来。

　　数学成绩比上学期提高了很多的Y同学说："我觉得自己在课堂上的注意力越来越集中，参与思考的时间越来越多，原来觉得难的题现在不再觉得难了。终于体会到了带着自己的思考听课而不是被动接受老师的讲解和灌输的好处。"她有这样的感受，实在值得庆祝。

　　W同学则说："我在英语考试中发挥失常了。做听力试题时走神，还丢了一半考查句型题的分。现在，时态、句型等语法知识仍然是我的软肋。"经过一步步引导、深挖，W同学才明白，自己既有注意力不集中的问题，也有对知识的熟悉程度不够的问题，需要进一步调整今后的学习重点。

第二章 考试力的秘密：要想考得好，怎么考

学生在这样的考试总结中分享自己的经验和教训，有利于巩固×密码考试法，提高自我认知能力。他们既通过试卷上的×看到了自己的问题，又以他人为镜，看自己身上是否有类似的问题。

一次考试结果并不重要，重要的是同学们要依据结果反思。如果考得好，一定要知道，考得好的原因是什么，自己是怎么做到的，以及怎样将优势学科的取胜经验迁移到弱势学科的学习中；如果考得不理想，要知道自己需要调整哪些方面，如何在今后的学习中更有针对性地改善现在的状况。

×密码学习法的考试核心理念——让考试成为一堂大课，并在这样的考后反思作业中贯彻始终。通过回顾考试状态，解读试卷上×背后的信息，了解自己以往的学习习惯、认知模式，以及情绪状态中存在的问题，然后制订有效的学习计划，并且刻意练习，实现自我突破，终结那些带我们掉入陷阱的惯性思维。

计算出错怎么办

数理化考试中的计算比重较大，很多错误发生在计算环节。很多学生题意理解对了，也梳理出了正确的解题思路，却在计算时出现错误，前功尽弃，实在令人遗憾。

计算出错的原因主要有以下几点：

◇ 粗心。
◇ 计算时用心算代替笔算。
◇ 由于题目复杂而算错。
◇ 计算时省略计算步骤。

◇ 在试卷上打草稿，导致信息混乱。
◇ 受自身情绪干扰。
…………

据统计，中小学生的计算错误中，高达60%的错误都与粗心有关。

粗心的心理实质是自我监控不充分。粗心的学生做题时注意力不集中，对于信息的读取不全面，思维跳跃，这与其学习态度息息相关。

用心算代替笔算也是同学们计算出错的重要原因。心算是在不借助纸、笔的情况下，用大脑完成计算的方法。我们大脑的处理能力是有限的，对大多数同学来说，短时间内让大脑记很多数字、完成很多程序是非常困难的，极易出错。我在课堂上做过对比试验，心算不仅非常消耗脑力，且班上只有一两名受过培训的同学能比较好地运用心算，没有经过专门训练的同学是难以同时获得高速度和高正确率的。心算的优点是速度快，但是其逻辑独特，需要我们付出的脑力成本大。在考场上，就算你用心算节省了一点时间，但是一旦得出错误的计算结果，思考解题过程的时间就相当于浪费了，得不偿失。在考试中，我们要尽量将能抓住的每一分都收入囊中，因求快而出错是不值得的。所以，我们提倡在考试时用笔算而非心算。

其实，无论是"心算出错""多位计算时出错"，还是"化简复杂算式时，思维出现偏差，产生错误"，都是因为大脑在同时处理信息量较多的事情时，容易顾此失彼。这与我们大脑"完成认知任务时，暂时存储和操作信息的记忆系统"——工作记忆有关。

无论是静坐于一室中，还是行走在喧闹的大街上，我们的所见、所听、所闻、所尝、所触都会传递给我们大量的信息。然而，我们的大脑不可能无差别地、有意识地全盘接受所有信息。何况工作记忆的容量十分有限，为了有足够的空间暂时容纳和保存我们在学习、工作或生活中需要用到的重要信息，我们的大脑会屏蔽或遗忘部分信息。每个人的工作记忆容量不同，有些人的多一些，有些人的少一些。

一些研究人员认为，我们的工作记忆容量大概是 5 ± 2 个信息，也就是 3~7 个信息。例如，我们要在头脑中计算 37×24，如果先计算出 $4\times37=148$，就容易在计算 $20\times37=740$ 时，忘记之前得出的 148。

由此可见，我们在解题过程中很容易顾此失彼，在获取较多的信息后忘记先获取的信息，对问题的整体理解产生偏差。在这种情况下，我们或者让大脑保持高度专注，让工作记忆转为长期记忆，或者在草稿纸上记下相关信息。

工作记忆对信息的储存具有临时性，因此极易受外部环境或者情绪的干扰。做题时，我们可能无法改变外部环境，但我们可以控制自己的情绪，不让无用的情绪挤占工作记忆的空间。研究发现，认为"犯错误是学习中的正常环节"的孩子对工作记忆的运用，要远胜于害怕犯错的孩子，因为他们不再把工作记忆浪费在纠结任务有多难或者出错后有多丢脸这样的问题上，也不在遇到会做的题时过于开心，给工作记忆更大的空间。

紧张时，我们的大脑可能会一片空白；愤怒时，我们可能会失去理智，说不出话来；慌乱或者兴奋时，我们可能会遗忘重要的信息。这些都是工作记忆空间被情绪挤压、占领后无法正常运转的表现。

有一名同学的数学成绩一直不错，却在某次数学考试中因为卡在了一道不会做的题上，将其后连续三道会做的题也做错了。他说："遇到难题让我担心后面的题更难，所以我做后面的题时还在想前面的题。"没有放下不会做的题，不能保持平常心，导致他的工作记忆已经无法承载解题信息。

针对上述情况，我们该如何避免计算错误呢？

功夫在平时。学习的过程中，要加强知识的熟悉程度。本身知识牢固，胸有成竹，就不会因为紧张而出现计算错误。

在空闲时间里，可以多做一些计算题，既有利于静心，也有利于学会细心。

养成良好的计算习惯。计算时认真细致，每做一步就检查一下。不要求快，将数字带入各种关系式中时，要注意小细节。

注意数字后单位的正确用法。

计算过程中，能化简的就化简，避免浪费不必要的时间。

感觉最终得出的结果怪异时，对照草稿纸检查计算过程。

考试时心平气和，不要紧张。先放下不会的题，做完会做的题，再思考难题。及时调整心态，不要让情绪影响自己。

从个性上进行调整。在计算中容易出错的学生，多半在生活中经常丢三落四。要争取在生活中就做个细心的人。

用好错题集。计算错误并非低级错误，一定要足够重视。将自己所有计算出错的题目也整理到错题集中，提醒自己遇到需要计算的题时要有所警惕。

答题不规范怎么办

据统计，48%的学生在考试中存在因答题不规范而被扣分的问题。

第二章 考试力的秘密：要想考得好，怎么考

具体表现如下：

◇ 没有使用规范的学科语言。

◇ 答题格式不规范（数字后的单位写法不规范，书写格式不规范等）。

◇ 堆砌答案，重点不突出。

◇ 答题步骤不规范。

◇ 书写不规范，没有按考试规定用笔，字迹不工整或不清晰。

◇ 答题纸填涂不规范，或没有在规定的答题区域内作答。

…………

规范是参加任何考试、比赛都要遵循的原则。不以规矩，不能成方圆。很小的孩子都知道，如果不按规则玩游戏，就没有人愿意和自己一起玩，充斥着竞争的世界更加强调规范。这种规范的存在并非为了束缚和压制，而是为了帮助我们形成稳定、有效的学习模式，适应各种竞争环境。

答题不规范主要反映出的是学生的个性问题。考试时答题规范是老师在课堂上一再强调的，同学们需要在平时不断练习，将答题规范固化为习惯。一些学生对此不在意，所以就会付出代价。例如，有的学生写语文作文时，时常忘记开头不能顶格写，要空两格。作文评分的主观色彩较浓，如果阅卷老师是一个严谨的人，就会二话不说，直接扣分。

能写出正确答案不等于能得到分数，同学们在考场上须注意：

选择考试规范中指定的笔作答。不能使用涂改液、修正带或透明胶带改错，不要在改错时划破答题纸。

填涂答题纸要符合规范，写清姓名、考号、座位号等。

答主观题时尽量采用学科术语。首选课本原文中的，次选题干中的词汇，这两处没有可选用的词汇，再自编语言。

如果英语作文的要求是写 100 个词左右，建议写 100～130 个词。词数太少，分数不会高。写得太多，考试时间可能不够用，还可能出错。

使用字母要规范。字母、符号要写清楚，切忌字迹潦草。如，因为写不清"v、r、u""M、m""L、l""G、a""p、μ、β、η"而被扣分的情况屡见不鲜。再如，物理中，拉力用 F 表示，摩擦力用 f 表示，不能调换。重视题目所给的符号，不要另立符号。

数学题的解题步骤要完整。做几何题时，作图、运用和表达概念、书写结论都要规范。绘制的图形、图像要清晰、准确。切记，必须用铅笔、圆规、直尺、三角板等绘图工具绘制图形，不能徒手画。画函数图像时，要画好坐标原点和坐标轴上的箭头，标好物理量的符号、单位和坐标轴上的数据。图形、线条应清晰、准确，线段的虚实要分明。

解化学题时，配平任何方程式后都要进行"系数化简"，不搞假配平。

答简答题一定要避免"简单化"，要写清原理，有因有果，答到"根本"。

关于考试的答题规范还有很多，答不同学科的题目需要注意不同的规范。考试是一件严谨的事情，遵守规则，答题规范，从平时做起。把握好细节，才能在会做的题上不丢分。只有把平时的考试当成高考，才能做到将高考当成平时的考试。

答题不精准怎么办

很多学生走出考场时自信满满，拿到批改后的试卷时目瞪口呆。看着被到处扣分的试卷，他们心有不甘，就去询问老师。老师说的通常是："答题不精准，自然要扣分。"

他们自以为完美的答案，在老师眼里其实千疮百孔——要点没有写出来或者写得不全面，答案的思路不清晰、不严谨，语言的逻辑性不强……

有的同学说，自己写的语文阅读题答案从来都只能得一半的分。为什么会出现这样的情况呢？

一些学生不太了解什么样的答案称得上是精准的，只会机械地记忆老师讲授的标准答案，不会总结归纳标准答案的特点。再考试时，依然用以前的思路作答。还有一些学生知道自己的思路和标准答案有差距，但没有严格按照要求做相关题型的练习，或者不知道如何才能训练出正确的答题思维。

针对答题不够精准这个问题，以下建议供同学们参考：

根据分值多少匹配相应答案。

注意答案分层、要点化、序号化。千万不要将一道题所有的要点都杂糅在一起，必须分条、分段。用合适的序号标出答案的层次，让批阅试卷的老师能清楚地发现知识点。

学会解答古诗词鉴赏题的"五步鉴赏法"，掌握正确的鉴赏流程，即找出意象、领会意境、理解形象、把握感情、鉴赏评价，并且在组织答案时审清题意、明确观点、详细阐释。

做文言文翻译题时，以直译为主，意译为辅，做到信、达、雅。

做现代文阅读题时要记住三点——全面审题、规范答题、完整表达。要想得满分,就要更全面地思考问题,更深入地理解文章:

首先,掌握答题要领。必须读两遍文章。第一遍速读,领会各段大概意思,读懂题干,整体认知;第二遍精读,画出过渡句、中心句等关键句,弄清结构层次,快速确定答题范围。

其次,认真利用好题干中包含的信息,记住"字不离句,句不离段,段不离篇",把命题涉及的内容放回原文中,找准相关信息。

再次,组织语言要有策略,回答问题要简洁利索,很多时候不需要用比喻、拟人等修辞将语言写得过于形象化;答综合分析题时,不能只答抽象的要点,要有适当而具体的分析;对应题旨,分点答题,不能遗漏答题要点。

最后,答数理化大题时,要写出必要的公式、方程式、演算过程和明确的结果。要写出化学大题中重要中间结论的文字表达式。

要想做到解题精准,就要从点滴做起。以评分标准为鉴,在平时做作业的过程中就严格要求自己,用平时的测验检验自己的练习成果。坚持不懈,养成良好的答题习惯。

提分锦囊

如何提高语文阅读题答案的精准程度

许多同学都会产生这样的困惑——精准答题的标准是什么?为什么自己的答案不精准?

我曾经就语文阅读题的标准答案和学生讨论过很多次。阅读题历来是语文考试中的一个争论点,因为不同的学生对同一个问

第二章 考试力的秘密：要想考得好，怎么考

题会有不同的理解，很多学生会质疑标准答案。

曾经有学生很委屈地说："老师，我的阅读题答案和标准答案不一样，但我觉得我的也是对的呀！""我认为，一些选择题的答案不是唯一的，标准答案与我选的不同，但我选的也是正确的。"有的学生甚至觉得标准答案是对自己思想的束缚，是一种桎梏。

我只能说，虽然答案是否精准可谓见仁见智，但能否拿到分数就要看我们的答案与标准答案匹配程度的高低。如何让自己的答案更接近标准答案呢？我的建议是多做真题，看看标准答案包含的要点是什么，是从什么角度提取出来的。有些学生写出的答案或选出的选项从单一角度看，可能是对的，如果我们将其放回题目的背景下重新思考就会发现，标准答案比我们认为正确的答案更全面、准确。我们做真题的最终目的是要应对中考、高考，所以我们要转换视角，设身处地地分析出题人的思维，让自己的思路和出题人的思路无限接近，这样我们才能想明白考点究竟是什么，出题人想让我们写出的答案是什么。成熟就是让自己站在更高层次上，以更广阔的视角看问题，具备换位思考的能力。

为了帮助同学们更好地理解这件事，我们来看一个日常生活中的例子。

十一长假，小雨的妈妈要带小雨去参加婚礼，让她换上一件好看的衣服。

"好看的衣服"是妈妈的要求，但妈妈并没有告诉她什么样的衣服才是好看的。于是，小雨去换了一条她认为好看的黑色连衣裙。当她从房间出来时，妈妈说，这件衣服不好看，换一件。

"为什么？我觉得很好看啊。"小雨说。她认为"我觉得好看"

就是妈妈说的"好看的衣服"的标准答案。但是，妈妈的标准是以她的社会经验和对风俗人情的了解为基础的。她告诉小雨，不是衣服本身不好看，而是参加婚礼需要穿得喜庆一点，黑色衣服显得过于凝重，不适合在婚礼上穿。妈妈告诉她："你得去换一件颜色亮一点的衣服。"

小雨换上了一条鲜红的连衣裙，妈妈看到后，依然说不好看。"这件衣服太红了，你再换一件。"小雨不高兴了，说："为什么黑色的不行，红色的也不行？"妈妈告诉小雨，新娘是婚礼上的主角，所以新娘穿一身红色的衣服就没问题。如果其他来宾也穿一身红色的衣服，就可能会抢新娘的风头，这是大忌。

妈妈这样解释完后，小雨终于明白了妈妈所说的"好看的衣服"是指"颜色亮一点但又不抢新娘风头的衣服"。

这样的过程，其实就是我们探寻标准答案视角的过程。我们对话语的理解力是建立在社会阅历、知识储备的基础之上的。如果小雨固执己见，坚持自己的选择，她的妈妈就可能会说："你必须换，不然，我就不带你去参加婚礼。"小雨如果还想和妈妈一起去，就得听妈妈的话，调整自己对衣服的评判标准。这件事看起来是小雨的意愿没有被尊重，事实上她的生活经验更丰富了。

阅读题的答案不精准是许多同学都会出现的问题。我总结的阅读四步法，可以帮助学生在解答阅读题时，缩小自己的思维与出题人的思维之间的差距，同学们可以对照进行练习。

阅读经典，拓展知识面

阅读经典著作，拓展自己的知识面，丰富自己的知识储备，知人心、知世故。同学们常常感慨，自己总是无法理解文章的作者，其实同学们和作者的思维差异就可以借助阅读来弥补。我们不可能经历其他人经历的所有事件，但大量的阅读可以丰富我们的见识、生活体验，不断增加的知识储备可以帮助我们提高解读有关信息的能力。当我们看到阅读材料中的事件与我们所看到的、所经历的事件类似，其中的情感与我们在现实生活中或阅读时的体验相通时，我们就可以更快速、更深刻地理解文章的内容、结构、情感、主旨，写出更精准的答案。

做真题，找题感

刷题不是为了背下所有做过的题的答案，而是要边做题边研究标准答案的解题角度。分析标准答案中的分论点是从哪些角度切入的，通过仔细研究，找到答题路径，归纳总结答题方法，调整自己的思维模式。

用规范性、概括性学科语言作答

比较自己的语言和标准答案之间的差别，培养自己的语感，尽量用规范性、概括性的学科语言作答。例如修辞手法分析题要从三个角度作答：画线部分用了什么修辞手法，结合句子内容分析修辞手法，分析作者借此表达了什么样的感情。这样作答既简洁明了，又层次清晰。

做专项训练

同学们可以根据文体的不同，对阅读理解的文章进行总结。

针对各类文体的阅读材料中包含的规律，提炼常见题型的答题要点，归纳自己的答题模板，然后不断对其进行补充、完善，在做题时直接套用。

总之，相信自己，放下执念，从出题人的视角来分析文章，揣摩他们的出题意图，标准答案就会水到渠成。

书写不规范和草稿纸使用不当怎么办

之所以把这两项合在一起，是因为它们之间有一些相关性。很多人重视书写问题，忽视草稿纸的使用，事实上这两者会互相影响。

书写非小事

很多学生对自己书写不规范心知肚明，有时他们自己都不认识自己写的字，但又不肯下功夫改正。这个问题带给他们的痛似乎不深刻，导致他们常常因此失分。书写不规范造成失分的原因主要有：

◇ 作文书写不符合题目中"工整规范"的要求。

◇ 错误书写，比如有的时候写字速度太快，就省略了笔画，写出错别字。

◇ 字迹不清，阅卷老师无法辨认出是什么字。

…………

明明写出了答案，却因为字迹潦草，老师看不清楚答题要点而扣分的情况不在少数，这其实是非常普遍的问题。在我所做的调查中，高达 86% 的学生认为自己存在答题时书写不够规范、卷面不够整洁的问题。一些学生之所以还没有解决这一问题，并非因为不能将字写得规范，而是觉得无伤大雅。

书写非小事，有的学生平时不练字，考试时为了赶时间，把字写得惨不忍睹，无法给阅卷老师留下良好的第一印象。切记：即使不能写得好看，也要写得干净整齐、大小一致、疏密有致，要将认真的态度体现在试卷上。

要从根本上解决书写不规范这个问题，就要在平时多下功夫。字为儒者衣冠，古代的读书人非常重视书法。现在电脑普及，越来越多的人放弃了练习手写体。现在，大多数升学考试依然需要学生将答案书写在纸上，文科试题尤其有大量的书写要求。

大多数有卷面书写问题的学生在使用草稿纸方面也会出现问题。试卷上的字都不工整，草稿纸上的字只会写得更加随意。虽然阅卷老师不会给草稿纸上的书写情况评分，但是否正确、合理使用草稿纸会给计算的准确性、检查时的方便程度，以及做题时的心态带来影响。

运用草稿纸也有技巧可循。我的建议是：在使用草稿纸时分区域，按顺序，标题号，明确文理科试题草稿的特点。

分区域

拿到草稿纸后，先将草稿纸的两条长边三等分，并按照对应等分点的连线折出折痕。再将草稿纸的两条短边三等分，并按照对应等分点的连线折出折痕（当然，也可以用直接拿尺子和笔画线代替痕）。于是，一张草稿纸的一面就被分为了9个区域，也就是说，草稿纸正反面被分成了18个区域。尽量将一道题的演算过程或草稿写在一个区域内。区域之间的界线并非总是不可跨越。一些题的演算过程或草稿较长，可能在一个区域里写不下，需要占用一个半或者两个区域；一些题的演算过程或草稿较短，甚至没有，就可以不单独占用一个区域，或者不在草稿纸上体现。同学们要根据自己的需求灵活地给题目分配区域。

按顺序，标题号

从左到右、从上到下依次运用分好的区域，不跳格，也不要一会儿用一面、一会儿用另一面。标好题号，以便检查时能快速找到。

明确文理科试题草稿的特点

解答理科试题时，草稿纸上的数字、符号、字母要写得工整、准确。打文科试题的草稿时，要提纲挈领，字迹工整，条理清晰。

考试时间不够用怎么办

时间不够，没有做完会做的题，真的是考试中的一大憾事。考场上，时间就是分数，每一个在考试结束的铃声中奋笔疾书的考生，内心都是崩溃的。

通常情况下，学生在考场上遇到以下状况时，考试时间会不够用：
◇ 做题速度慢，找思路的速度慢，书写的速度慢。
◇ 在两个答案中纠结，难以取舍。
◇ 题目难或计算量大，耽误时间或产生情绪。
◇ 花费很多时间反复检查。
◇ 在多种解题思路中，选择了比较难的解题思路。

第二章 考试力的秘密：要想考得好，怎么考

◇ 对知识点不熟悉。

◇ 过于追求书写完美，反复修改。

◇ 快收卷时才匆忙填涂答题纸。

…………

这些状况出现的原因因人而异，与学生对知识的熟悉程度、个性气质有关，最重要的原因是，他们应对考试的策略是有欠缺的。

对知识的熟悉程度不够，就会导致学生在考试时提取知识的速度慢，有关这一点的知识会在后文详细讲解。

反复检查、书写速度慢这类耗费时间的考试习惯，是个性使然。有这些习惯的学生平时需要多进行针对性练习，提高书写速度，做题时尽量一次性做对。一些学生喜欢在考场上跟难题较劲，时间在不知不觉中就过去了。这样的学生一般成绩都不错，我戏称他们为"爱啃硬骨头"的学生，但他们忽略了他们的重要使命是拿到所有能拿到的分。这类忽略考试时间限制的状况和《黑匣子思维》中的一个经典案例高度相似。

1978年12月28日，美国联合航空公司173号航班从纽约市飞往波特兰市。当飞机收到波特兰机场发出的可以降落的信号后，机长拉下控制杆，放下起落架。这时一声巨响传来，起落架放下的过程出现异常，三盏代表起落架放下并锁定的绿灯只亮起了两盏。为了排除故障，机长呼叫塔台请求更多飞行时间，机组成员开始排查。他们确认起落架已被成功放下并锁定，但机长为保证百分之百安全，专注于寻找故障原因，忽略了飞机的燃油状态。直到燃料即将耗尽，他才开始最后的迫降，尽力控制飞机，减少

地面撞击。最终，八名乘客与两位机组成员遇难。美国国家运输安全委员会调查团通过梳理证据，发现机长当时的思考集中在起落架上，失去了对时间的感觉，忽略了油量的消耗和副机长的提醒，最终酿成悲剧。

同学们要明确，在考场上的首要任务就是最大限度地得分，全程保持自我觉知，注意时间分配。

一些学生"注重过程，不注重结果"，做题时认真仔细，把答题纸的填涂工作放到最后。这样的学生就可能遇到没有填涂完答题纸，或者填涂完也不知道有没有填涂错的情况。

我曾经接待过这样一对母子。孩子平时的成绩很好，对考上心仪的重点高中志在必得。中考结束后，家长就在那所重点高中附近租了房子，为孩子准备好了开学后住宿的地方。可是中考成绩公布时，大家都大失所望。孩子在自己的优势学科上"翻车"了。抱着重重疑惑，他申请了查卷，结果发现，他在填涂答题纸时，将几十分的选择题答案涂错位了。他不是一做完选择题就将答案涂在答题纸上，而是考试快结束时才开始集中涂的。在交卷前，学生通常是非常紧张的，此时填涂答案，极易出错。

孩子与理想的学校擦肩而过，家长也很崩溃，这样的教训可谓十分沉痛。

我对这个孩子说："要感谢这次失误，它以这样的方式让你看到了自己身上存在的问题，接受它、面对它，并从根本上解决它。它就像一份礼物，可以转化为你人生中的一笔财富。"

第二章　考试力的秘密：要想考得好，怎么考

能否合理规划考试时间，也是体现考生差异的一个重要方面。我们可以应用的考试时间管理策略有：

（1）读题、审题要快而不乱，要逐字读题，关注重点信息。

（2）解题的速度要提高，找到最简单的解题思路，不把简单的问题复杂化。

（3）提高写字速度。

（4）先做容易的题，后做难题。如果一道题，解题思路不清晰，就要先"放弃"，开始做下一道题，不固执、不恋战。要提醒自己：难题是块硬骨头，容易的题是软面包，要先吃软的再啃硬的。利用 x 密码学习法中的标注法，在复盘试卷时，可以分别用不同的记号标注没有思路的超难题、计算量很大的复杂题、解题思路不是很清晰的题、需要检查的题。将前三者交给潜意识，先做后面的容易的题，等到忽然对前面的难题有灵感时，再杀回马枪，这就是灵感做题法。这样的方法可以大大提高考场时间的利用率。

（5）答案确定后，要及时填涂答题纸，绝不能将所有选择题的填涂工作甚至整张答题纸的填涂工作留到考试快结束时才做。

（6）平时多加练习。每个学科的考试时间和题量是固定的。把平时的考试当成高考，才能将高考当成平时的考试。做作业时闭书定时，考试结束后及时复盘。每完成一次考试都要反思自己的时间安排是否合理。要对自己的做题速度心里有数，考试时才能从容面对。

同学们要将这些应试技巧运用于平时的考试中。好的应试技巧不仅可以帮助同学们战胜焦虑，保持冷静、自信、专注，还可以有效帮助同学们减少失误，提高成绩，守住成绩底线。

提分锦囊

应试技巧小总结

（1）全身放松，保持冷静。

（2）快速浏览试卷，统观全局，树立自信。

（3）列好答题顺序，贯彻先易后难原则。

（4）统筹兼顾各题，恰当分配答题时间，不在不会的试题上纠结，浪费过多时间。

（5）慢审题，快作答。

（6）审题时保持专注，不忽视任何细节。

（7）注意克服固定型思维干扰。

（8）先求正确，再求速度。

（9）能多写一点就多写一点，多争取一分也好。

（10）只要选择题题干中没提到选错倒扣分，即使不会做，也尽量写出猜想的结果。

（11）用好考场上的每一分钟，不要提前交卷。

（12）考完退场后，不要急于对答案。过去的已经过去，下一场考试才是需要集中精力应对的，不要让已经结束的考试影响心情。

运用×密码复盘法分析试卷时，同学们可以将每个问题产生的原因和对策记录下来。考试前，为自己制定一份个性化×密码考试清单，即着重梳理自己会做的题做错的原因，整理出一份考前提醒清单，在考场上提醒自己对考试过程进行监测和觉察，确保做对会做的题。这相当于同学们为自己建造了一道考前认知防护网，以保证考场上的高水平发挥。

进考场前，同学们可以对自己说："我会全神贯注，只要把自己会做的题都做对，我就很棒！"在考场上稳扎稳打，才能保证正常发挥。此外，考前保证充分休息对于保持良好的考试状态也是非常重要的。

第三节　如何成为考场黑马

重视考场心态

每次考试，都会出现两种极端状态的学生。

一种是"黑马"。他们平时不显山露水，并不突出，到了考试的时候却能脱颖而出。这类学生接受知识的能力也许不是最强的，但复习效率往往是非常高的，通常能在考试时保持良好的状态。

另一种是"白马"。他们平时成绩比较好，但一考试就"崩盘"。一般情况下，这类学生接受知识的能力很强，老师一讲，他们就懂，因此在学习中不够细心，会忽视学习过程中的一些重要环节，比如练习、交替复习等。还可能在考试时心态不稳定，常常因为紧张、患得患失而失误频出。

当然，大多数学生介于这二者之间。某名学生对我说："老师，我是斑马。"虽然这是一种戏谑的说法，但也符合考试本身的"均值回归规律"。这类学生的成绩总是在一定范围之内起伏，他们想成为黑马也是有条件的。首先，他们的成绩均值至少要达到中等偏上的水平；其次，还能重视一些能让成绩无限趋近于他们能力范围内最大值的因素，比如考试心态。

中国科学院高考研究专家王极盛教授连续多年对考进清华、北大的高考生进行问卷跟踪调查，结果显示：考试心态是影响高考成绩的重要因素。王教授认为，考生的知识水平是硬件，心态是软件，高考成功离不开硬件和软件的共同支撑。如果考生能将心态调整好，高考分数就可能比平时的考试平均分数多 50~100 分；如果考生的心态出现问题，高考分数就可能比平时的考试平均分数少 50 分以上。在王教授的研究对象中，很少有平时始终保持第 1 名的学生，但他们中的大多数都在平时的考试中名列前茅，处在"第一梯队"。所谓"第一梯队"，就是全校前 50 名。当然，在一些学生整体成绩比较好的高中里，前 100 名学生都属于"第一梯队"。这些学生如果能将心态调整好，都有可能在高考中获得第 1 名。

一些专家通过研究发现，年级第 10 名的学生容易在中考、高考中考出好成绩。重要原因之一，就是这些学生的心理压力小，老师、家长基本不会要求他们力争第 1 名。相比前 9 名学生，考第 10 名的学生平时在学校得到的特别关照也较少。这样的学生自由成长的空间比较大，常常独立处理问题，反而会在中考、高考中有令人惊喜的表现。

2002 年参加高考的刘锐就是这样。刘锐高中时就读于潜江中学，平时的最好成绩是年级第 3 名，最差的成绩是年级第 53 名。高考第一天的早上，刘锐还和妈妈闹了点小别扭，但是他很快就将心态调整好了。他说，出门看看太阳，便觉得心情好了。在高考的考场上，刘锐十分平静，不急不躁，一道题一道题地做，一个字一个字地写，以做对会做的题为目标。最后的分数完全超出了他的预估。他从未排过年级第 1 名，却在高考中获得了全省第 1 名的成绩，连他自己都不敢相信。

功夫在平时

偶然中有必然，不是人人都能成为考试中的黑马，功夫在考场，更在平时。

同学们要在平时的考试中，确保将会做的题都做对后，如果还有时间，再争取步骤分、侥幸分、检查分。做法如下：

运用考试技巧猜不会的题的答案，尽量不要空题。

遇到计算量很大的大题时，认真书写每一步解题步骤，争取步骤分。

对某道题的解题思路不是很清晰时，想到什么，就往答题纸上写什么，争取侥幸分。

检查不确定答案是否正确的题，得检查分。

考试力是学习力的体现

到高考时，每名同学都已经"身经百考"。有的同学越考越勇，有的同学越考越怂。对平时考试的反思、归纳总结，是考试力提升的重要途径。我们要认真对待每一场考试，视其为学习过程，让每一场考试都成为提升自己的途径，不断调整准星，无限趋近于最好的自己。

第三章

学习力的秘密：要想学得好，怎么学

从源头改变，做高效能的学习者。

第一节　学习力自查：你是怎样的学习者

方法不对，努力白费

　　我接待过无数的学生。曾经有一名学生说的一段话让我深受触动。他说："一些老师常说我们成绩不好是因为态度不够端正，听课不够认真，做作业不够仔细……但是，我觉得我态度端正，听课认真，做作业也仔细，依然没有考出好的成绩。怎么做才能达到老师说的端正、认真和仔细呢？"这名学生的话代表了许多来我这里咨询的学生的心声。"态度端正""听课认真""做作业仔细"是一些老师口中包治百病的灵丹妙药，但他们并没有告诉学生做到这些的具体方法。许多学生靠直觉摸索着学习，不断试错，花费很高的成本，却收效甚微。最后，他们越学越累，失去兴趣，甚至厌学、逃学。用网络语言形容他们的心态就是"累觉不爱"，心理学上称之为"习得性无助"。

　　我相信，这个世界上的绝大部分孩子都心向美好。这种美好包括外表、品性，也包括学习成绩。他们处在学生阶段时，学习成绩往往是他们身边的人和他们自己最重视的。如果考试分数一次次打击他们，让他们失去自信，陷入痛苦的泥沼，他们就会和这名学生一样困惑，对于那些从未放弃努力的孩子来说尤其如此。有的学生因为无法在学习上找到应对问题的方法而将注意力转移到游戏、网文等事物上，带来很多衍生问题。

×密码学习法要教给学生的就是学习方法。

从源头拦截×产生的因素，利用×查漏补缺，掌握行之有效的高效学习法，才能在学校的课堂上充分掌握知识，学会运用知识。制胜中考、高考，提高学习力是关键。方法不对，努力白费；方法用对，事半功倍。我们希望每一名学生都能通过学习×密码学习法提升自己的学习力，做一个高效能的学习者。

正确归因，才能对症下药

知识是人对世界的一切认识和经验的总和，其中包括可以指导我们解决问题的观点、经验等。

以色列历史学家尤瓦尔·赫拉利在《人类简史》一书中写道："孩子们在中学或者大学学到的大多数知识，等到四五十岁的时候可能都会变得无足轻重。"可见，在中学、大学阶段学习到的知识并不足以为我们解开漫长岁月中的全部未知。所以，学生不仅要能在学生阶段学得好，也要保证自己在之后的任何条件下，都能掌握更多迅速适应生存和生活需要的知识，发展自己，实现自我价值，而这些都要建立在足够强大的学习力的基础上。

高考很重要，参加高考时，大多数学生也就十八九岁。他们还需

第三章 学习力的秘密：要想学得好，怎么学

要在未来的日子里通过坚持不懈地学习、思考，掌握职业技能，适应社会，创造财富。要想掌握更多的知识，就要构建自己的知识结构，建立自己的心智模式，提升自己的思维品质。

学习力是我们一生的财富，会使我们终身受益，让我们的人生充满无限的可能。既然学习力如此重要，我们就要先了解什么是学习力。

学习力是我们理解知识、储存知识、提取并运用知识的能力。也就是说，除理解力外，学习力主要包括储存力和提取力。

储存力，指大脑保存知识的量、速度和长久性。能在理解所学的知识点后立刻记住它们，并且长时间不忘记，就说明具有良好的储存力。如果你对知识没有形成记忆，知识就不能为你所用。

提取力，指从记忆库中提取知识的准确性与流畅性。我们需要通过提高提取力，将我们记住的知识运用到问题的解决中。在考试时，能迅速找到应对不同题型的解题思路和技巧，在生活中遇到复杂问题时能很快厘清思路并找到解决问题的路径，都是提取力强的表现。

储存力和提取力的差异造成学生之间学习力的差异。学生通过做学习力自评，可以看到自己的优势与不足。

Y 同学：我能明白老师讲的和书上写的知识，但我对它们的记忆不深刻，提取知识的过程不顺畅。

J 同学：我的储存力不够，如果没有复习的话，两三天后就会把新学的知识忘了。

S 同学：我能记牢我理解的知识，但是记不住需要死记硬背的知识。

L 同学：我只能将重要的知识记牢。

M同学：有一点难度的知识虽然难记，但是只要我记住了，就不会忘，而且在需要用到它们时，我会迅速想起来。

Z同学：我能很快记住适合我的思维逻辑的知识，对我来说，文科的知识比较好记。

C同学：我觉得我的学习环境影响我的储存力，老爸老妈不来烦我，我就记得快一些。

X同学：我对某个知识点的记忆情况要视我对这个知识点的喜欢程度而定。

T同学：我的储存力和提取力还可以，但如果我不喜欢某一学科的老师，我就记不住那个学科的知识。

S同学：我能很快理解知识点，但我记不住，也不会提取知识点。

P同学：我的储存力还不错，但是没办法提取知识点。

这些同学的自我总结、自我分析体现了两个方面的问题。

首先，如果没有在相关的学习环节中做到位，比如上课时注意力不集中，或缺少运用知识的练习，对知识的储存力和提取力就会较低。

其次，储存力和提取力受一些规律的影响。第一，我们能理解的、经常提取的、感兴趣的内容，进入我们大脑储存空间的速度更快、数量更多，而且保持得更长久。第二，储存力和提取力受情绪的影响，也与储存知识时的专注度以及付出的时间有关。第三，如果内容不具备一定难度，就可能容易储存，难以提取；如果内容太难，又可能让我们过于焦虑。研究者发现，如果任务中有15.87%超出了我们思维舒适区范围的难度区域，那么这样的任务就属于最有挑战性的任务。它们更利于提高我们解决问题的效率，增强我们的储存力和提取力，进而提升我们的学习力。

学习力是我们在学习过程中逐渐形成的，×密码学习法就是希望协助大家通过学习，获得更强的学习力。在学习力自查的过程中，同学们会找到所学的东西没有储存到大脑里，以及大脑里的东西不能为解决作业和试卷中的问题所用的原因。对症下药，才能解决问题。

好成绩的秘密

人类的智能结构[①]是丰富的，分数并不代表一切，但在校园里，总有一些传奇般的存在——他们似乎轻轻松松就能学得很好，总在金字塔的顶端熠熠生辉。

他们是怎样"炼成"的？他们的学习方法有没有规律可循呢？

我曾要求学生观察他们身边优秀的同学是怎么学习的，然后在课堂上一起讨论。

L同学和大家分享时说："我身边优秀的同学学习时积极主动，总是思考一些奇怪的问题。他爱玩游戏，而且可以自己设计游戏，还会带动班上的同学一起玩。"

我问他："听上去，你说的这位同学对事物有很强的好奇心，而且会执着地寻找答案，是不是？"

---

① 人才群体中具有不同智能优势的人员的比例构成状况。

"是的。"L同学说,"他还很爱冒险,曾经试着用放大镜聚光,被老师批评了。"

"这位同学确实不走寻常路。那他是不是也想过用各种不同的办法学习?"

L同学点了点头。

我又问他:"你再说说看,你自己够优秀吗?或者你有没有自己的优势学科?"

他想了想,说:"有,数学是我的优势学科,我的数学成绩一直很好,我能轻松得到高分,还在数学竞赛中得过奖。"

"那你是怎么做到的?"

"我喜欢数学,喜欢做数学题。在我很小的时候,父母就给我玩数字卡片,所以我对数字很敏感。"

我启发学生们思考:"这位同学的童年经历,让他对数字敏感,对数学感兴趣,数学成绩好,说明什么?"

一位同学答道:"我们以为优秀的同学的好成绩是轻轻松松得到的,其实他们是付出过努力的,大多数人都不是天生的。"

很多学生都只看表面现象,不参透现象背后的秘密。他们只看到那些优秀的同学轻松的一面,而看不到他们的努力,将他们的好成绩简单归因于聪明,认为自己成绩不理想只是因为自己笨。探寻事物背后的原因,并正确归因,才能调整自己不正确的行为模式。

关于优秀学生的故事有很多,我经常在课堂上与同学们分享其中的两个,借此启发他们的思维。

第三章　学习力的秘密：要想学得好，怎么学

"令人发指"的作息

一名成绩中等偏上的学生很沮丧地对我说："老师，我的学习态度很好，也很认真努力，为什么成绩总是一般。张同学上课总睡觉，都不好好听讲，却总考第一。"

我让他去观察一下张同学，看看人家上课时是不是真的在睡觉。后来他告诉我："老师，我发现他虽然上课时趴在桌子上，但老师让他回答问题时，他都能答出来。看来，他其实是在听讲的，我之前看到的是假象。"我笑了，对他说："除此之外，张同学也许还有更多你没有发现的学习秘密武器。总之，你要记得，任何好成绩都不是凭空得来的。"

过了半个学期，那名学生一走进我的办公室就说："老师，我终于知道张同学的法宝了。他的生物钟是猫头鹰式的，他白天闭目养神，晚上学到凌晨三四点，简直'令人发指'。"

接着，他开始用夸张的语气，和我形容他是怎么发现张同学的作息的："为了方便学习，这个学期，我和张同学合租了学校附近的一套民房。渐渐地，我发现我们的作息完全不一样。我习惯在教室里跟同学们一起上晚自习，回出租屋就睡觉。但他不在学校上晚自习，一放学就回出租屋，在自己的房间学到凌晨三四点。有好几次，我夜里起来，都发现他还在挑灯夜读。他说他喜欢深夜的时候一个人学习，觉得那样更高效。如果我没有和他合租，我根本不可能看到他的努力，他花在学习上的时间其实比我多得多。"

其实，别人看不到时的自己，才是真正的自己。有的学生端坐在

书桌前，看上去很勤奋，实际上在走神；有的学生看上去很放松，但他们的大脑里仿佛有无数非常精密的齿轮在转动，会不停地思考问题。我们不提倡同学们效仿案例中的这名同学，绝大多数同学的身体状况都不能适应他的作息，同学们还是应该在课堂上认真听讲，保证充足的睡眠。但是同学们要看到，很多被我们看作天才的人都是非常努力的。真正的差距往往藏在我们看不到或注意不到的地方。天鹅在水面上游动时，看起来轻松优雅，但它们的脚在水面下总是不停地划动。

知己知彼，才能认识到我们与优秀之间的真正差距不是表面上看到的成绩，而是成绩背后的学习态度、学习方法以及为之付出的时间和精力等。用成长型思维看待这种差距，然后对自己说："他是怎么做的，我也可以试试看。"

每个人都有变得优秀的潜力，关键在于我们能否找到自己的法宝，并为之努力。

痛苦的逆袭

曾经有一名来自武汉市一所普通高中的学生非常幸运地考上了北大。当年，他的高考分数并不是特别高，武汉市就有好几个比他成绩好的考生，但是其他考生都不敢报北大，而他报了，所以他就被录取了。

这名学生上了大学后发现，自己和身边同学的差距太大了。他给自己的高中班主任写了一封长信，说自己足足三个月不敢在寝室里说话。同学的知识面都很广，可以引经据典，侃侃而谈。他们讨论问题时，这名学生基本接不上话，因为他甚至不知道同学说的话出自哪本书，书的作者是谁。有的同学直接说："你看过

第三章 学习力的秘密：要想学得好，怎么学

那本书没有？没有的话，就不要发表意见。"这让他非常郁闷。他说："上了大学后，才知道自己和真正的优秀有什么区别。上初中和高中时，我一直只在课本、教辅书中打转，看课外书的时间极少。进了北大，我才知道，真正的优秀是什么样的。"

他问自己的高中班主任，应该怎样缩小自己和其他同学之间的差距。班主任老师就把他的困境讲给了一位教授听，教授说："怎么办？只有恶补！把别人看过的书的书名都记下来，到图书馆借来看。"

他的高中班主任将教授说的方法转告他，他牢记在心，开启了疯狂读书模式。他承认自己和真学霸之间的差距，迎头追赶，一有时间就泡在图书馆里看书。但凡同学们和老师们提过的书，他都会借来看，而且认真做笔记。在后来的信中，他告诉自己的高中班主任，他不再像大一时那样，几乎不说话，开口就被"虐"了。因为有了自己恶补的知识垫底，到了大二时，他开始有信心参与寝室的话题，渐渐地有了发言权。到了大三时，他甚至可以主导寝室的话题了。读大四那年，他被保送攻读硕士研究生。毕业后，他继续出国深造。现在，他已经成了北大的一名老师。

给我讲这个故事的人，正是给这名学生提出建议的教授，当时我们正在讨论有关学生综合素质的话题。这名学生在高考之前主攻课本，对课外读物的涉猎甚少，掌握的知识大多是为应试准备的。他到了北大后发现，这里高手云集、藏龙卧虎，自己与同学之间的差距很大，自愧不如。这名学生在遇到困难时，懂得向老师寻求指点，得到专家

的建议后，能够立刻开始行动。他脚踏实地，持之以恒，学以致用，迅速将自己的短板补齐。这些都是他学习力很强的体现。

我采访过很多优秀的学生，发现他们基本都在很小的时候就养成了良好的学习习惯，对学习有着很强的内驱力，即使没有老师、家长的耳提面命，他们也能自觉学习。他们有适合自己的学习方法、良好的心理素质，能够又快又好地适应环境，在学习的过程中遇到挫折也不畏难，而是视之为挑战。

第二节　丰富背景知识储备，夯实学习力基石

为什么要强调背景知识储备

"人类可以高效学习，是因为人们在脑海里建立了世界的模型。婴儿很难和世界互动，但是在刚出生的几个月里，他们通过观察吸收了大量有关这个世界的背景知识。显然，大脑的很大一部分被用在了理解世界的结构，并预测一些无法直接观察到的事物，比如未来才会出现的东西，或者被隐藏的事物。"这是图灵奖得主杨立昆 2020 年新年寄语中的一段话。他强调，我们的背景知识储备决定了我们对现在世界的理解和对未来的预测。

背景知识储备是我们学习力的体现，也是影响学习力和学习效果的因素，扎实的背景知识储备可以为学习赋能。

美国心理学家戴维·保罗·奥苏贝尔用同化理论解释学习的心理机制，他认为新知识在大脑中固定下来需要借助一定的旧知识。旧知识

如同港口的锚桩,而新知识如同驶入港口的船,船要停泊,就要将缆绳系在锚桩上。锚桩牢固,船才能被固定住。

从信息加工的角度看,学习的过程就是利用大脑中原有的知识加工新知识的过程。已经在大脑中形成的知识就是背景知识。缺少背景知识储备,学习就如同无米之炊,让人很难完善自己的知识框架。

脑科学给我们提供了另外一种对学习过程的解释。每一秒都有数以百万计的信息从感觉器官涌入,大脑要对之进行复杂的内部加工。它会将新信息与已经存储在大脑中的旧信息进行近似比较,发现新信息与旧信息之间是否有匹配、相容的关系,并将其放入已经存在的相应知识框架中。如果旧信息的储备量少,新信息就难以与旧信息建立联系,不易加入已有的知识框架中。

幼儿识字就遵循这样的规律。他们从"人、口、手"开始识字。对人有了认识后,就比较容易学会"你、我、他";认识了口,再学"吃、咬、吐、喝、唱"就比较容易;知道了什么是手,认识"拉、提、摘、把、拖、拜、掰"也会水到渠成。如果没有简单的背景知识储备,就开始学习较难的字,幼儿可能就无法理解其含义,更别说记住并书写了。

背景知识储备越丰富,我们大脑中的知识框架就越完善,新知识就越容易在我们的大脑中找到落脚点。而这些新知识牢固地储存在大脑里,也会成为我们认识新事物的背景知识,丰富我们的背景知识储备。有些学生的学习成绩好,就是因为他们积累了更多的背景知识。对他们来说,学习就是件越来越容易的事。

老师之所以总是鼓励学生"读万卷书,行万里路",就是因为学生在读书和旅行时能丰富自己的背景知识储备。丰富的背景知识储备会在我们学习和与人交往时提供帮助。古人云："井蛙不可以语于海者，拘于虚也；夏虫不可以语于冰者，笃于时也；曲士不可以语于道者，束于教也。"背景知识储备不足常会导致人的认知局限。

我们发现，学识渊博、兴趣广泛、心胸开阔的人，往往有更多的朋友。我认为，这和他们的背景知识储备丰富有关。他们头脑中的知识可以让他们随时和他人谈笑风生，更具有同理心，善解人意，所以他们更容易为他人所欣赏，和他人建立良好的互动关系，拥有丰富而有趣的社交生活。

学习是发生在我们大脑神经网络系统里的一次又一次连锁反应，理解判断、分析推理、综合应用都要以已经存在于我们头脑里的知识为基础，缺乏背景知识储备会给学习带来困难。

有一天，一名学生告诉我，他在考试时遇到一道关于雪橇的力学题，但是成长在南方的他没有接触过雪橇，甚至连雪橇的图片都没有见过。因为不知道雪橇是什么样子的，所以物理学得非常不错的他却解不出这道关于力、受力面和加速度的题。

如果同学们的学习态度很好，对待问题很认真，学习方法也没有问题，依然感觉学得很吃力、很痛苦，比如预习时常常感到很迷惑，在课堂上听不懂老师在讲什么，那么，一定要检查自己是不是缺乏背景知识储备，没有熟练掌握以前学过的知识。不学好有关角的知识，就没办法学好有关三角形的知识，也无法理解全等三角形；不学好一元一次方程，就没办法学好二元一次方程。

同学们发现自己无法接受新知识，是因为没掌握以前学过的知识时，就要赶快补充缺失的知识板块。一些同学的成绩一向很好，但因为一些原因停课一段时间，跟不上学校老师讲课的进度，就会陷入低迷期。其实，这种情况出现时，补充知识，让知识链条衔接起来就可以了。

学习是环环相扣的，我们每一阶段的学习都是在为自己积累背景知识。学习就是一个不断积累背景知识的循序渐进的过程，我们要尽量将学过的知识都储存在记忆里。

怎样丰富背景知识储备

从知识的来源与掌握知识的过程来看，要积累背景知识可以从以下四点着手。

父母的语言

父母是孩子的第一任老师，父母的语言会成为孩子的语言蓝本和最初的背景知识储备。父母在做示范、回应、鼓励、纠正问题时说出的一个个词语，会帮助孩子认知事物，学会表达。日积月累，孩子的背景知识储备就会因此不断丰富。

父母的语言对于孩子的影响已经得到了很多教育专家的重视。达娜·萨斯金德等人著的《父母的语言》一书提到，贝蒂·哈特与托德·里斯利两位学者的一项长达3年的研究证明："当孩子长到3岁时，来自脑力劳动者家庭的儿童听到的词汇总量，比接受福利救济家庭的儿童听到的词汇总量累计多出3200万（此处词汇量累计时包括重复的词语。这3200万个词语说明的不是脑力劳动家庭的儿童听到的词语更多样，而是他们听到父母说的词语总量更多。）。"除了词语的数量外，词语的质量也是他们研究的重要指标。父母是使用积极的、肯定的"你真棒",还是消极的、负面的"你错了""你真差劲",对孩子的心智会产生不同的影响。每个孩子都有无限的潜力,但从早期不同的语言环境开始,他们潜力的开发程度就会拉开差距。

理解、记忆、想象、思考都要以我们已有的背景知识储备为基础。在父母与孩子聊天的过程中,父母的阅历、知识结构、逻辑与思维方式、语言风格,甚至个性气质等都会传递给孩子,成为他们的背景知识储备,潜移默化地影响孩子的能力发展。

有研究表明,父母尤其是父亲,经常和处在婴儿期的孩子说话,会大大扩充孩子的词汇量。

经常和孩子聊天,不仅对亲子关系有利,还能让孩子学到新知识。

在我女儿两岁的时候,发生过这样一件事。有一天,我正在厨房做饭。女儿想打开一个茶叶罐,但是她没打开。于是,她就拿着茶叶罐到厨房找我。我帮她打开后,她问我里面是什么。我告诉她,里面是茶叶。她继续问,茶叶是什么。我很清楚,给一个两岁的孩子介绍茶叶必须用点儿心。我告诉她:"茶叶是可以用来泡水喝的叶子。它们原本是长在茶树上的小树叶。有一天,采茶工人将它们从树上摘下来,把它们送到加工茶叶的地方。制茶工人慢慢地炒呀,搓呀,揉呀,晒呀……它们终于成了你现在看到的样子。"我把茶叶罐拧紧,递给她之后,就继续去做饭了。过了一会儿,她又到厨房来,非常得意地向我展示她自己拧开了茶叶罐的盖子,说:"妈妈,我终于把它弄开了!"她用了"终于"这个词,而且用得很准确,这让我很惊讶。"终于"是一个比较书面化的副词,对一个两岁的孩子来说,这样的词不太易于理解,学习它为时尚早。没想到，我在和女儿聊天的过程中，自然而然地用到了这个词，她就能现学现用了。这也提醒了我，在和孩子聊天时要注意选择词语，把汉语之美传递给孩子。

人的语言习得之窗从呱呱坠地之时开启，5~7岁时为语言习得的最佳时期，到15岁左右，语言习得能力就会开始下降。身为父母，从孩子小时候起，就多和孩子说说话吧。孩子可以从父母的语言中学到很多，小到词汇、生活常识，大到思辨能力、人生观、世界观。

丰富的体验

要想有大量的背景知识储备，就要做生活中的有心人，多观察、多体验、多思考。学生的成长环境是不同的。有的学生居住在城市，有的学生居住在农村，城市生活和乡村生活各有其美。一些在农村生活的学生也许很少坐飞机、坐高铁、看3D电影，他们接触高科技产品的机会少于在城市里生活的学生，但他们积累的关于大自然的背景知识比在城市里生活的学生丰富得多。

我曾经遇到过几个衣着时尚的年轻人在超市里找不到香菜。他们推着手推车在蔬菜区转了好几圈，最后不得不去找理货员。香菜并没有被放在角落里，只是他们根本不认识香菜。估计他们从小成长在城市里，很少帮父母做家务，吃到的都是切碎了的香菜，没有见过完整的香菜植株，所以才会对货架上的香菜视而不见。这就是缺少生活经历造成背景知识储备不足的例子。

要想储备更好的背景知识，不妨多调动感官，去看、去听、去触摸，多感受事物，多向身边的人请教，积累对生活中不同事物的感性认识。这些感性认识终会在我们未来的学习过程中发挥作用。一个7岁的孩子可能将自己先看到闪电再听到雷声的声电光不同步现象存储在记忆中，等到他初中学光和声音的传播速度时，就能立刻调动自己的记忆，用以理解老师讲的知识点。书本中的许多知识点，例如物理试验揭示的物理规律，都是生活材料的符号化和抽象化。学生将相关的背景知识与课本中规范的知识体系联系起来，对课本中知识点的理解和认识就会比较深刻，而且能很快学以致用。

阅读，阅读，再阅读

阅读让我们超越个人的日常生活经验，从他人的经历和经验中获得更多的智慧。培养孩子的阅读兴趣和阅读能力，要从孩子幼儿阶段能看绘本时开始。孩子有文字认识能力之后，就可以开始引导孩子阅读了。如果孩子在小学阶段能逐渐自主、流畅地阅读文本、理解文本，那么上初中以后，孩子就会更自发地阅读。在自主阅读时，他们会更熟练地运用各种工具查询资料，积累更多的词汇，拥有更强的理解力和各种高级思维能力，自学能力也会有突飞猛进的提高。

阅读能力是逐步培养出来的。根据神经学知识，我们可知，髓磷脂覆盖阅读神经系统的轴突时，我们的阅读神经系统就能够提高工作效率。随着我们的阅读神经系统中胶质细胞在轴突上覆盖的髓磷脂越来越多，该系统逐渐成熟，阅读就会逐渐变成自觉行为，进行精读、熟读的能力自然就会提高。

在培养阅读习惯和阅读能力的过程中，有一个时间节点是具有纪念意义的，那就是孩子的"独立阅读日"。我记得我女儿在小学三年级看 J. K. 罗琳的《哈利·波特》时，突然就有了独立阅读能力，她坐在沙发上捧着一本书看得津津有味的样子，成了我记忆中的美好画面。

培养阅读习惯和阅读能力时应该注意什么

多阅读经典

有选择的阅读才是有益的阅读。在经典中，我们可以学习规范的词语、优美的句子、精准的表述方式，接触深邃的思想和洞见，感受人文底蕴和高雅品质，让经典内化到我们的知识结构中。在我们阅读之外的时间里，我们依然可能因为一些情境，回忆起那些刻印在我们记忆中曾让我们感动、产生共鸣的句子。应付考试并非阅读的真正目的，我更希望大家通过阅读，爱上一种有智识的生活，让自己的眼界更开阔。

读书不妨杂一点

知识的门类有很多，除了课本中的知识，还有很多有趣、有用的知识值得我们学习。天文知识让我们知道宇宙的浩瀚，心理学知识帮助我们了解人的认知活动和心理规律。一些和我们的生活息息相关的冷门常识也非常值得我们注意。课本以外的"杂书"可以帮我们增长见识、开阔视野，知道世界之广大，事物之精微。

父母要以身作则

培养孩子的习惯和能力时不能一味地要求孩子怎么做，孩子的许多行为和性格是从父母身上习得的。当看到父母专注而享受地看书时，孩子就会习得父母的专注。如果父母是浮躁好动的人，无法给孩子营造安静稳定的环境，孩子的心思就可能会浮躁不安，成为所谓的"坐不住的孩子"。

什么样的书值得学生多看
传记，指引我们以人为镜

传记中记录着历史上的杰出者是怎样成为自己的，其中有很多人生的真义。

我最近看了《成为我自己：欧文·亚隆回忆录》。在书中，这位当代心理治疗大师说，他从 10 岁开始养成了睡前阅读的习惯，而且这种习惯持续终生。高中阶段，最让他痴迷的事就是泡图书馆。

12 岁那年，为了去华盛顿中心图书馆看书，欧文·亚隆从父亲那里得到了一辆自行车。从此，每个周六，无一例外，他都会将上周六开始匆匆读完的 6 本书（图书馆借书数量的上限）塞进自行车的人造革挂包里，骑行 40 分钟去还书，并借他还没看过的书。图书馆成了他的第二个家，他每个周六在那里待几个小时。

他说："图书馆让我与我所渴望的更广阔的世界接触，一个历史、文化和思想的世界，与此同时，它也缓解了我父母的焦虑，并且让他们因为生了个学者而感到满意。"他曾怀着敬畏之心，徜徉于书架之间，在装满自传的大书架旁绕了一圈又一圈。图书管理员指引他去往二楼的儿童区，但他继续围着自传书架转，并且在某个时刻想出一个计划——每周读一本自传，从姓氏以"A"开头的人开始。他一直读，读到"T"就停下来了，因为在他读最后一本传记时，他发现了阿尔伯特·佩森·特修，而且将兴趣转向了阿尔伯特·佩森·特修写的有关柯利牧羊犬的书。

他说，"今天我知道我没有从这个偶然的阅读计划中受到伤害"，但"我心疼那个孤独、惶恐但是意志坚定的小男孩，并且惊叹他设法通过自我教育找到了自己的人生道路，尽管很偶然，没有鼓励、榜样或者指导"。正是这样的阅读经历成就了他,他是当代心理治疗师中写小说写得最好的,是作家中最有影响力的心理咨询师,著作等身。他写的书影响了很多人,他的小说《当尼采哭泣》获得大奖并被改编为电影。这一切都与他的阅读有关。

专业书籍,为我们减少学习障碍

除了权威的知识之外,专业书籍中的规范学科语言也值得我们学习,它会帮助我们减少在学习相关学科知识时可能遇到的障碍。例如,上初中的同学们如果在学习内错角、互补角、对顶角前就明白了这些几何语言,当老师讲到相关知识时,就可以很快地在头脑中建立图形,跟上老师的思维,理解、接受老师所讲的知识,避免出现听课障碍和焦虑情绪。

小说,帮助我们建构自我

曾获得2006年诺贝尔文学奖的土耳其作家奥尔罕·帕慕克认为"小说是第二生活",它为人类保存记忆,保持传统,以及抗拒遗忘。2009年,他受邀在哈佛大学做演讲时,提到了阅读对其人生的影响:

"我以废寝忘食的精神和这种特别的希望,在18~30岁期间阅读小说。我心驰神往地坐在伊斯坦布尔的家中,每一部我阅读的小说都给予我一个宇宙,像任何一部百科全书或任何一座博物馆那样富于生活的细节,像我自己的存在一样富有人情味,包含各种主张、慰藉和许诺,在其深度和范围上只有那些在哲学和宗教里发现的主张、慰藉和许诺可与之相比。我阅读小说时,好似进入梦境,忘记了其他一切事情,就是为了获得世界的知识,为了建构自我,塑造灵魂。"

多阅读吧,我们的大脑为我们准备了足够的空间。人类自远古以来创造了璀璨的文明,对自我的认识以及对宇宙万物的认识也越来深刻，许多研究成果都转化成了书籍、文字。

阅读如果能够与写结合，效果最好。摘抄、做读书笔记、画思维导图，会帮助我们记录书中的精华，把握书的结构和框架，进行关于自我的深度思考。读一本书时能做到这些，才算真正地读进去了。

随着学习力的提升，我们的阅读量会越来越大，会觉得时间越来越不够用。我们很少多次看一本书。如果能在看书的时候有所记录，那么在将来某个时候翻看这些记录时，我们可能就会立刻回忆起这本书的主要内容与精华，将知识不断固化在自己的知识结构中，而不仅仅是走马观花。

团体活动不可少

我一向建议学生多参加一些兴趣小组。"物以类聚，人以群分"，与同好一起学习一些课本之外的技能或特长对我们是大有益处的。如果一名学生在高中阶段参加过辩论赛，那么他的口才和逻辑思维能力不会差；如果一名学生一直坚持击剑，那么他会拥有其他许多人不知道的有关击剑的知识；如果一名学生参加了舞蹈社，那么他的身上就很有可能有一种与众不同的气质。

有体育、音乐、舞蹈、绘画等兴趣的引领，有小伙伴的陪伴，有一些参加交流与合作活动的经历，学习的过程就会变成体验、互动的过程。这一切都会增加学生的阅历，完善学生的个性，让学生在某一领域更有钻研精神，愿意深度学习，建立对知识的整体认识，熟练掌握知识。在这些活动中，学生还可以认识社会，积累大量的感性认识和生活经验，找到丰富和发展自己的最好方式。

这里就不得不提到环境对人的影响。

我的母亲是一位在农村生活的老人。她不识字，很少说书面语。她在我家帮我带孩子两年后，因为耳濡目染，词汇量开始丰富起来，比如她会用"激动"这个词来形容孩子开心时的状态。这让我看到了大脑的可塑性，感受到了我们真的可以活到老学到老。

生有涯，学无涯，学习不仅包括课本学习，还包括我们用各种各样的途径和方法让自己的背景知识储备丰富起来的过程。背景知识可以启迪思维、引发求知欲、拓展知识面，让学习更轻松，并进入良性循环。

第三节　结构化思维，让知识有序关联

学习力助推器

我在帮助无数学生探索他们学习问题出现的原因时，发现了很多共性。例如，有一类学生在小学阶段名列前茅，但上初中、高中时，成绩越来越不理想。他们上小学时成绩好，父母对他们有很高的期待，其实这增加了他们在逆境中的受挫感。他们容易在遇到困难后渐渐失去对学习的信心，学习动力不足，甚至厌学。

是他们不聪明吗？当然不是。是他们上初中、高中时没有上小学时努力吗？也不是。这些孩子内心非常希望能学得好，而且也很努力。他们通常会用小学阶段的学习方法与学习策略应对初中的课程，自然会力不从心。

小学阶段需要学生熟练掌握知识的学科少，学生只要记忆力不差，下下功夫，就基本上会得到不错的分数。到初中、高中阶段，考试要考查的学科多，知识点也多，像在小学阶段那样单纯地靠下苦功是不够的。就像习武要通过不断修炼才能晋级一样，学生也要有自己的"独门武功""称手兵器"和战略规划，才能逐渐提升自己的能力。结构化思维就称得上是一件称手兵器。

结构化思维就是以事物的结构为思考对象，并以其引导思维和表达过程的一种思维方式。在学习的过程中，拥有结构化思维，就能建立完整的学科知识结构，即知识框架。在学习、消化新知识时，也能快速将新知识储存到已有的知识框架中，使其成为长期记忆。将知识结构作为思考对象的学习思维，可以使我们的学习变得有序、高效，而不是机械的。

我小时候生活在长江边上的一个小镇里。那时，很多货船抵达码头后，工人会把货物堆放在码头上，购买货物的人再把他们需要的货物运走。我喜欢在河堤上看来来往往的船，看那些工人忙忙碌碌地装货、卸货。后来，我发现一个现象。码头是被分成一块一块的，每个区块之间以隔断为界，不同种类的货物堆放在不同的区块里。粮食、农作物在一个区块里，砖头、水泥、黄沙等建筑材料在一个区块里……从河堤上看去，哪个区块堆放了什么货物一目了然，工人非常清楚自己背上的货物要搬到哪里，来提货物的人也不会走错地方。

某市医院的医疗防护物资频频告急，医护人员面临防护服紧缺的问题。收到社会各界的物资捐赠后，某物流公司派出专业的

第三章 学习力的秘密：要想学得好，怎么学

团队，负责物资的物流管理环节。他们在库房里建起了一个现代物流系统，将物资分类，放在不同的库区内，保证了物资能尽快地配送到各医院。

货物的存放管理和大脑对新知识的存放管理是类似的。物流平台如果没有结构化的管理系统，货物散乱着堆放，就一定会给存货、取货带来极大的不便。如果我们不具备结构化思维，就会让过多散点式的知识占用我们的记忆空间。今天的新知识勉强进去了，明天的新知识就可能只有一半能进去，后天的新知识里可能只有三分之一能进去。储存知识都如此困难，提取知识就更困难了。做题时，我们对考查点的那种似曾相识、模棱两可的感觉，就来源于此。所以，到了初中、高中阶段，同学们一定要培养自己的结构化思维，它是学习力提升的助推器，是高效学习的工具，会帮助我们对知识进行组块，搭建知识框架，从而更好地存储知识、提取知识。

具体来说，结构化思维对我们培养学习力的推动作用体现在以下几个方面。

让我们对知识具有全局视角

化整为零

一名有结构化思维的学生开学拿到课本时，就会在目录中把重难点章节圈出来，并依此准备相关的背景知识阅读。到复习时，他看着目录，就能回忆起重难点以及相关题型，简洁明了。

学习语文课文或做阅读题时，善学者会在分析文章的过程中，先

找到文章的主要内容和次要内容，并厘清二者之间的基本关系，待基本了解文章结构后，再对细节进行推敲和琢磨。

汇零为整

学生获取的知识可能来自学校课堂，也可能来自校外课堂；可能来自课本，也可能来自课外书、网络资料；可能是通过自学获得的，也可能是在与同学交流的过程中获得的；可能是在预习的过程中获得的，也可能是在做作业、复习、做试卷分析时获得的。

碎片化的知识是没有生命力的，只有将这些在不同时间、地点获取的碎片化知识融入已有的知识体系中，我们才能对它们记忆犹新，让它们为我们所用。找到没有放在固定区域内的东西是不容易的，所以我们就要运用类似于让货物进货舱、图书上架的方法，利用结构化思维处理碎片化的知识。

×密码学习法强调学生在学习的过程中要运用结构化思维来搭建知识框架。无论听课时还是自己复习时，都要将知识储存得有条有理，这样才能提高对知识的熟悉程度，提高学习效率。

提升我们解题的条理性

拥有结构化思维，会让我们清楚解题的重点和要点，以更清晰的思路将答案呈现在试卷上。无论是答理科试题还是答文科试题，条理性都非常重要。缺少结构化思维的学生，写作文时可能会过于感性、随意，想到哪儿就写到哪儿，天马行空，让人抓不住重点，而解数学题时，缺乏逻辑，无法找出正确的解题思路。

增强学习管理能力

那些能够把书桌、笔记本、错题集整理得井井有条的学生，通常都是有结构化思维的学生。他们做事从容，几乎不会出现丢三落四的情况，学习成绩通常也不错。相反，拿起书本就看书、做题，放下书本之后从不思考的学生，大多是没有结构化思维的学生。他们在学习时常处于随兴状态，凭心情而为，不讲方法，很少进行系统性的思考。这样的学生，通常得到鼓励就会高兴，就会想表现得好，而遇到挫折就会沮丧，很难从挫折中学习、成长。

结构化思维的重中之重——逻辑思维能力

逻辑关系包括总分关系、主次关系、并列关系、递进关系、因果关系、对比关系等，它们是事物之间的纽带，事物之间存在怎样的逻辑关系决定了事物的层次、结构及性质。

重逻辑关系是结构化思维的重要特点。不同的逻辑关系会串联起不同的知识点。掌握了事物之间的逻辑关系，才能在学会初级的知识后，学懂更复杂、更高级的知识，并且依据知识之间的逻辑关系为知识编码、储存知识、提取知识。

相信很多人都有这样的体验。找不到东西时，会冷静地回想：最后一次看到它是什么时候？在那之前做了什么？去过什么地方？当时正在做什么？穿着什么样的衣服？梳理出线索，回忆每个时间节点的情境，会帮助我们想起要找的东西大概在什么地方。

提高逻辑思维能力，也是提高学习效率的一个重要因素。不管是背诵文史知识，还是将数学题目中的已知条件、未知条件与解题思路、技巧进行对接，都需要学生有比较强的逻辑思维能力。

我们在理解、记忆知识时利用什么样的逻辑，在背诵、提取知识时就会遵循什么样的逻辑。如果我们的逻辑合理、紧密，我们就可以在需要用某些知识时，迅速在知识框架中找到它们，并且将其提取出来。懂得、熟记知识点与解题思路、技巧之间的对应关系，就能一眼透过枝叶看出主干，明白各种题目是用什么形式"包装"而成的，内在逻辑是什么，要考察的核心是什么，做到以不变应万变。

我常去湖北省图书馆查书、借书，发现借书的读者分三类。

第一类，漫无目的的消遣型读者。他们通常在还书处的推车旁翻看别人刚归还的图书，遇到喜欢的，就拿到座位上看。这类读者多为中老年人。他们读书多是为了消闲、打发时间。

第二类，有目的但没有掌握借阅方法的读者。他们有自己喜欢的图书类别，但不知道要看哪本书。他们到放置那一类书的书架旁，一排一排地浏览。看到书名吸引自己的，就取下来看看，再决定是否借阅。这样的读者往往有学习意愿和目的，但不怎么会学习。

第三类，目的明确且精通借阅方法的读者。他们手握书单，先在图书馆的电脑前，根据书单查找图书信息，然后按照屏幕上显示的编码找到相应的书架，并找到想借阅的书。

很明显，第三类读者是最会高效借书的读者，他们充分了解图书馆里书的上架规律，知道图书馆每进一批新书，就会安排学过图书情报学的专业人士按科学的编码方法，对书进行归类编码，

第三章 学习力的秘密：要想学得好，怎么学

然后再将新书放到相应的书架上，供读者浏览、选择。

第一类读者完全不了解这套管理方式，所以他们只好在还书处看看其他人都借过什么书。

第二类读者大致知道图书馆中图书的分类方式。如果喜欢文学类书，他们就会去找文学类书的书架，更为精细地查阅他们想找到的散文、诗歌、戏剧、小说等；如果想学画画，他们就会去放置艺术类书的书架前。但是图书的种类和数量太多，即使他们到了相应的书架前，也要靠运气才能找到自己想要看的书。

第三类读者通过检索就可以精准定位自己要找的书在哪里。他们查询编码，直奔相应的书架，可以快速、有效地找到自己想要的书。当然，这也需要图书管理员和借书的读者高度配合，假设图书管理员没有把书分门别类地整理好，只是将新采购的图书和读者还回去的图书随意放到书架上，我们就难以想象图书馆会是什么样的，第三类读者也只能徒呼奈何。

借书的过程正好可以类比我们学习的过程，因为说到底，学习就是储存、提取、运用知识的过程，图书上架管理相当于储存知识的过程，我们去借书相当于提取知识的过程。我们如果在学习时没有结构化思维，没有和图书馆图书系统类似的逻辑思维，那么汲取新知识时就容易无从下手，即便遇到似曾相识的题，也会看得云里雾里的。

逻辑思维能力是在深度思考的基础上培养起来的，这样的过程是对我们的感受力、理解力、想象力、记忆力和推理力等能力的综合考验。表达自己、解题等都是训练逻辑思维的路径。遗憾的是，一些老师和家长注重向孩子灌输知识，忽视对孩子思维能力的刻意训练和培

养，他们可能仅仅和孩子强调过要有逻辑思维能力。悟性高的孩子可能会领会他们的意图，培养自己的逻辑思维能力，悟性一般的孩子可能只会听听而已。

如何培养和运用结构化思维

在学习的过程中，结构化思维至关重要。我们要有意识地引导孩子建立结构化思维。我们或许对此有所提及，但是并未涉及怎样才能具有且熟练运用结构化思维。如果只有期待，没有引导，只灌输知识，不提供方法论，往往就会使得孩子学得辛苦、低效，自信心受挫，久而久之，厌学情绪弥漫。走进我的咨询室的孩子只是其中很小的一部分，更多的孩子仍然在茫然中挣扎。

究竟怎样在实践中培养和运用结构化思维呢？

学会搭建和运用知识框架

搭建知识框架的过程可以让我们看到所学章节的全貌，引导我们全面、有逻辑地思考问题，帮助我们更快速地储存信息，更高效地理解信息，更顺畅地提取信息。

完整的知识框架有三大特点。一是主题鲜明：主题是纲，统领着细分层级的知识点。二是归类清晰：同类信息在一个范畴内，不混淆、不杂糅、有条理。三是逻辑递进：层次分明，层层递进。

我们需要在结构化思维的指导下，对每个学科每一章节的知识点、题型、解题思路和技巧进行总结。编码组块会让内容既有条理性，又有逻辑相关性。我们学习知识时，都是先从汲取碎片化知识入手的，随着知识量不断增加，我们就要让知识由点成线、由线成面，让属于同一领域且具有逻辑关系的知识产生联结，汇聚在同一个主题之下，构成一个有主题的知识框架。知识框架建立后，我们还需要发散思维，让这些知识框架中包含的知识进一步丰富。

搭建知识框架的基本步骤为三步。

第一步，在预习时构建初始知识框架。

以课本为蓝本，从标题到例题，再到习题，都要通读一遍。以单元、章、节的标题为最基本的骨架，将概念、公式、定理、原理等知识点都抄在笔记本上，画出思维导图，在重难点上做标记，形成初始知识框架。为了层次清晰，方便检索，要用不同颜色的笔写不同层级的知识点。

第二步，在课堂学习中完善知识框架。

在听课的过程中，结构化思维能让我们带着思考学习，让预习时搭建的知识框架不断完善。如果发现老师的讲解印证了我们的想法，说明我们已经掌握了老师所讲的内容；如果发现老师讲到了我们没有注意到的或者课本上没有的知识点，就将老师所讲的内容补充到我们的知识框架中；如果老师讲解的思路和我们的思路有所不同，就要思考差异点在哪里，并将其添加到知识框架里。此外，还要将老师对我们做过标记的重难点的讲解补充到知识框架中。我们听课时，尤其要关注这三点：一是新的知识，二是老师的思路与我们的思路的差异点，三是包含前两者的习题。

第三步，及时添加课外学习的内容，丰富知识框架。

一些学生越学越焦虑、越学越迷茫的原因之一，就是没有及时梳理这些额外获取的知识。他们一方面觉得自己头脑里装了很多东西，另一方面又觉得好像无法调用学过的知识，感觉它们杂乱地堆积在一起。

学生如果有结构化思维，那么在每次读完课外书或下课后，就会将碎片化的新知识及时添加、整合到相关主题的知识框架中。这种添加、整合的过程其实也是复习、梳理，加深记忆的过程。经过日积月累，知识的量和深度，能让同学们真正学透、学懂，在提取知识时更快速、准确、全面。

在各学科学习时，这三步的顺序也可有所调整。以语文学习为例，学习苏轼的作品之前，可以先阅读相关课外书。了解他的个人经历，以他的行迹为线索，画一张以他的出生地四川眉山为起点，以他的晚年居住地常州为终点的人生地图。这样，他人生中的起伏就会变得一目了然，我们也会更加理解他作品中的情感脉络、人生境界。他的作品还可以按主题，分为美食类、交友类、旅行类等；按风格，分为婉约的、豪放的、禅意的等；按写作年龄阶段，分为少年时期的、青年时期的、中年时期的、晚年时期的……按照某一条或某几条线索搭建起框架后，我们就会对苏轼有更全面、更立体的了解。学习课本时，我们就能学得轻松高效、记得牢固，顺畅地提取知识。

此外，在构建知识框架时，我们可以参考一些经典的教辅资料。许多教辅资料都是研发人员精心研究的结果，我们可以从高品质的信息渠道中汲取他人的智慧，为我们的知识大厦打好牢固的地基，建设完整的架构。

拥有结构化思维，在预习、听课、练习和总结的过程中构建知识框架，才能做到"先把一本书读厚，再把一本书读薄"。所谓"读厚"，就是不断地做加法，往知识框架中加入新知识点、差异点和重难点，聚沙成塔、集腋成裘。所谓"读薄"，就是合并、归纳相关知识点，或者将所有见过的题目总结为有限的几种题型，明确重难点题型是哪几种，化繁为简。

知识点和练习题浩如烟海，但万变不离其宗。如果我们搭建好了知识框架，那么每次接受相应的新知识时，我们就能快速地把它们填充到自己已有的知识体系当中。

我们努力学习，并不是为了成为装满知识的两脚书橱，而是为了解决问题、增强能力。所以，在学习的过程中，我们要时时问自己：这个知识点可以用来解决什么问题？用什么知识点可以解决这个问题？将知识与问题联结起来，通过搭建、完善、丰富知识框架，我们头脑中的知识结构就会更完善、更系统、更全面。

学会画思维导图

思维导图（见图1）可以帮助我们非常直观、清晰地呈现知识框架，将知识的内容、层次结构和思维过程以简洁的线条和图形表示出来，是一种高效的知识管理模型。利用思维导图，学生可以梳理各学期、各学科大致内容的结构与脉络，将碎片化的、多头绪的信息结构化，将它们联结在一起，有效解决接收的知识点过多，难以厘清逻辑和提取知识困难的问题。

思维导图有以下优点：

第一，便于整理内容。

思维导图利于学生在整理知识点时，发现某类知识点的相关题型有哪些，能够突出知识点之间的关联性，注重知识点、题型、解题思

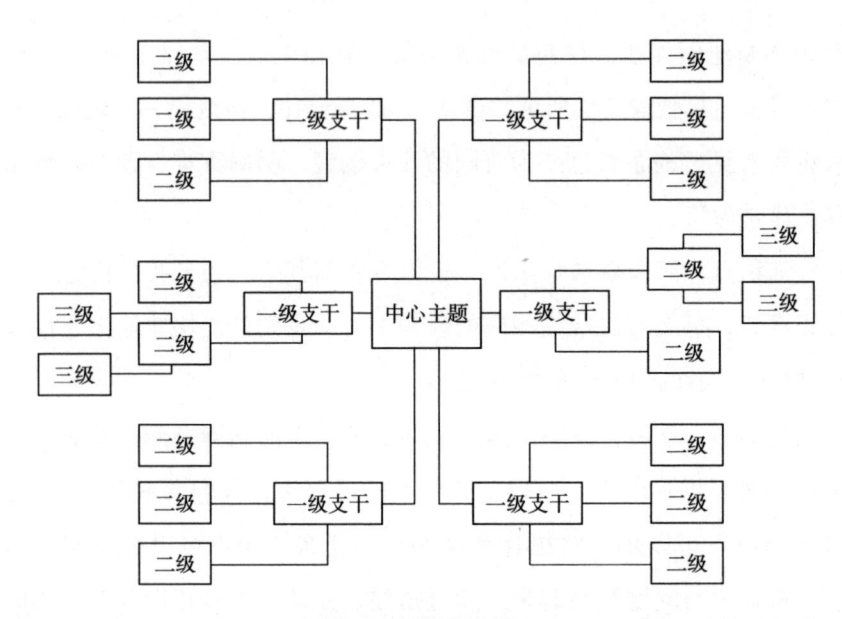

图1 思维导图示例

路和技巧之间的联系，以及某类题型考查的是什么知识点、解题思路和技巧。另外，我们不仅能将思维导图应用于课本学习中，在课外阅读中，也可以用画思维导图的方式做内容整理，从而快速地掌握其精华，转化、应用其中的内容，使阅读更为高效，而不是看过即忘。

第二，便于理解内容。

思维导图中的文字提纲挈领，可以让我们快速地领会学习内容的主题，以及其包含的知识点。思维导图的线条、图形可以清晰地呈现知识之间的层次和关系，逻辑分明。

第三，便于将知识系统化。

思维导图是一种开放式的结构模型，便于我们向其中添加知识点，让我们掌握的知识更具深度与层次性。不同颜色的笔标注的新知识点会让我们获取的碎片化知识系统化，让视觉辅助我们记忆。

第四，便于记忆与提取知识点。

我们绘制思维导图的过程正是左右脑交替工作的过程。有右脑参与的记忆更持久，从右脑中提取知识点也更方便。能快速提取知识点，是选择正确的解题思路和技巧，利用最短的时间解题的前提，反映的是对知识掌握得很熟练。

绘制思维导图的具体步骤

第一步，要清楚所绘对象的主体结构。

中心图揭示主题、核心。

支干是表示知识点之间关系的线条。一级支干从中心图上延伸出来；从二级支干起，每一级支干都从上一级支干上延伸出来，且比上一级支干的线条细。

关键词是标注在中心图、支干上的文字，一般不超过七个字。提取关键词的过程考验我们的概括、总结能力。我们将知识理解得越透彻，提取的关键词就会越精准，对知识的记忆也会越深刻。

用图片形象化地呈现知识点，有辅助记忆的作用。

第二步，准备空白的 A3 纸。留出装订区域，其余部分的左侧四分之三为画图区域，剩余的四分之一为以后补充"特别提醒"留白。

第三步，准备多种颜色的笔，分别用不同颜色的笔写预习的知识点、课堂上老师讲解的知识点、试卷或教辅材料中的重难点题型等。预习需要利用整块的时间，保持极高的专注度，完整地画出初始思维导图；听过老师的讲解或考试后，在初始思维导图上补充知识点可以随着学习过程的推进，分次逐步完成；需要重点巩固的地方可以做一些特殊标注。

画思维导图可以让我们养成带着思考预习、全神贯注听课，以及利用试卷及时查漏补缺的习惯。通过画初始思维导图，我们会了解不同章节知识的结构、重难点，清楚自己的薄弱之处；在课堂上，将老师讲的内容与预习时涉及的知识点一一对应，记录下老师补充的知识点、点明的重点、提及的解题思路和技巧，以及自己的思路和老师的思路之间的差异，并在课后填入思维导图；考试结束后，找到错题对应的知识点，分析这个知识点对应的题型以及解题思路和技巧。

除了准确记录知识点外，将知识点与练习题、考试题的解题思路和技巧相结合也是画思维导图的重点。无论练习题和考试题的难度如何，其本质无非是各种简单题型的叠加、变形，其答案的核心都是课本中的知识点。一些出题人会在题目中设置迷障，考验我们的理解能力、抽象概括能力、逻辑推理能力等。

画思维导图的过程可以培养我们思维的深加工能力。利用思维导图学习不是盲目、机械地重复知识，而是调动、监督、调节、反思我们的认知系统，将学习的过程贯穿在一起。

将一个学期或者一个学年内画的思维导图装订成册，作为自己的考前复习资料，借助它们检索记忆中的知识，提高对知识的熟悉程度。这样的资料可以让我们在中考、高考前，对所学的知识了然于胸，真正做到"一卷在手，备考无忧"。

进行有意识的训练

结构化思维不仅有益于学生时代的学习，也对学生未来的职业生涯和日常生活有帮助。这种思维并非与生俱来的，需要经过有意识的持续训练才能建立起来。

学生在平时学习和生活中要注意多思、多写和多用。

多思——进行深度思考

进行深度思考，才能解决复杂问题。深度思考之时就是我们两耳之间的"小宇宙"能量爆发之时，它会调动我们所有的知识储备，体现我们的思维品质，引导我们建立结构化思维。需要注意的是，深度思考最好与下文讲到的写和画相结合，毕竟"好脑子"不如"烂笔头"，纸和笔是训练结构化思维的有力工具。

多写——尤其要培养写作能力

写作能训练结构化思维，一篇好的文章是结构化思维的产物，需要我们在搭建好框架的基础上增添具体内容。好文章必然主题鲜明；为了更好地表达主题，我们必然要分段叙述，将相似的内容清晰地归类；段落之间，必须遵循逻辑递进的原则，思绪不能"一会儿天上一会儿地下"。为什么从小学三年级到高中三年级，经过十年的作文训练之后，很多学生仍然视写作文为畏途？除了词汇量不丰富、生活阅历有限之外，缺乏结构化思维也是一个非常重要的原因。学生在写作时如果能有意识、有策略地训练自己的结构化思维，动笔前搭好框架，按照构思，将主题、具体素材等画成思维导图，就可以既写得快，又不易跑题。坚持练笔，持之以恒，写作也就不是一件可怕的事了。

多用——在实践中提升

培养结构化思维有助于我们将知识转化为分析问题、解决问题的能力，这种思维能力是需要在实践中提升的。

我购车时，对于车的知识知之甚少。市面上车的款式那么多，究竟该怎么选？我一时手足无措。当时，我的女儿还是初中生，但我欣慰地发现，她已经拥有了结构化思维和比较强的解决问题的能力。

我们逛了六家4S店（汽车销售服务店），收集了厚厚的资料。回家后，她看了一遍资料，找到在我们预期价格范围内的所有车型，并将它们的主要参数都列在了一张表格里，将各种车型的价格和性能的优缺点标注在表格的相应位置上。有了这样清晰的参照表后，我们共同商议，排除了一半的车型。然后，我们再将车的主要用途和我开车的偏好与不同的车型进行匹配，划去不符合需求的，保留符合需求的，再通过精细化的比较，层层缩小选择范围。最终，我们定下两种车型作为备选选项，又到相应的4S店，综合车的试驾体验、销售人员的服务态度、商家提供的优惠力度等，做出了最后的选择。到现在，我仍然喜欢女儿帮我选的车。在日常生活中，给孩子深度思考的机会，对孩子的学业也是有帮助的。

提分锦囊

思维导图：提升结构化思维的利器

高二下学期，我开始接触×密码学习法。在此之前，我对学习方法仅有模糊的体会和总结。在学习×密码学习法的过程中，我受益最大的就是结构化思维。高中阶段要学习的知识点繁杂、难度大，不对知识点进行整理、分类就很容易记错。利用结构化思维整理知识点是一种化繁为简的好方法，在高三复习阶段，这种方法的优势体现得尤其明显。

画思维导图其实是一件难度不小的事。刚开始，我完全不知道怎么将各种知识点归纳到一张纸上。在艰难地制作了几份思维导图后，我慢慢找到了总结、归纳知识点的方法。我的分类能力也在一次次尝试中得到提升。

顾子轩　清华大学学生

第四节　完善学习流程，提高对知识的熟悉程度

三曲九环法，打造完美学习流程

在帮助学生做试卷分析，引导学生追溯他们试卷上每一个 × 出现的原因的过程中，我发现很多学生的学习流程有问题：

◇ 不预习，上课时听得很吃力，跟不上老师的思路。
◇ 在课堂上，只会机械地听，不能让新知识与旧知识关联起来。
◇ 大量做题，不会归纳、总结。
◇ 平时不复习，考前抱佛脚。
……

我们都玩过拼图游戏。一张拼图可能由成百上千个零块组成，零块越多，拼合的难度越大。要完成拼图，就要对原图有整体的印象，然后通过观察，将可以通过颜色、线条建立联系的零块拼合成小块，再将众多的小块渐渐拼合成大块。

一个学期的课、一个单元的课、一节课、一道例题、一个知识点就是一个学科的知识拼图上由大到小的部分。我们需要先大体认知一个学期的课，再通过三曲九环法，完成课程的学习。少了其中的任何一个环节，这样的拼图游戏都无法顺利完成。

三曲九环法包括三个部分、九个环节，主要解决的是对知识的熟悉程度不高问题，帮助学生在考场上一路畅通，而不是等到走出考场才悔之晚矣。它主要聚焦于学习过程，通过不同环节储存知识，提取知识，将知识关联在一起。

第一曲"学"，是获取新知的阶段，包括预习、听课、课后即刻检索。在听完新知识的两个小时内，要马上在头脑中检索刚学过的知识，加深对课堂上所学知识点的印象。

第二曲"习"，就是练习，包括做作业前回顾课上学过的知识，闭书定时做作业，作业完成后对答案并进行分析。

第三曲"复习"，包括睡前复习、醒后复习、课前复习。

学生要通过不断地学习获取知识，构建自己的心智模式。这个过程就像建房子一样，先打地基，做钢结构，再预埋线管、砌墙、安门窗，一幢房子才算搭建好。在学习的过程中，背景知识储备就是我们打地基的关键，结构化思维帮助我们构建房子结构，三曲九环学习法相当于我们给房子埋的管线、砌的墙、安装的门窗。

三曲九环法可以最大限度地弥补学习过程中产生的漏洞。

运用三曲九环法，我们的大脑可以将一篇课文里的每个段落、一个单元内的每节课，以及一个学科的每个单元串联起来，形成前后贯通的认知模式。这种学习方法能够帮助学生认识知识点之间牢固、清晰的联系，固化神经回路。

作为一个完整的学习流程，三曲九环法具有非常合理的时间结构与内容结构。我们如果能够将其中的每个环节都做到位，大脑中的知识拼图就会日益丰富、完整，对知识的熟悉程度也会越来越高，就会越来越对考试有信心，学习真的不是什么难事。

有效预习，不能省

我在课堂上问学生，他们是否有预习的习惯时，发现有预习习惯的学生并不多，没有预习习惯的学生有以下四种主要心理：

◇ 预习有什么用？我好好听课就可以了。
◇ 我没有时间预习，每天做作业的时间都不够，来不及预习。
◇ 我会找课外补习老师，他讲课的进度比学校快，就当是预习了。
◇ 我知道要预习，可是我不知道怎么预习。

预习的作用
降低听课难度
预习帮助我们增加背景知识储备，使听课的难度降低。与背景知识相结合，新知识更易被理解和接纳，更易转化为长期记忆。一名高二的学生以前没有预习的习惯，在我的要求下，她开始坚持预习。一个月后，她欣喜地告诉我，以前不预习，在课堂上经常听不懂老师讲的知识点，现在发现预习真的能帮她大大降低听课的难度。

提高课堂上的学习效率
一节课包含的内容很多，如果能在课前就将主要的知识点梳理成初始知识框架，我们就更容易在听课时抓住重点，对重点的记忆也会更加清晰，不容易遗漏重要知识点，或者学过即忘。

使被动学习变为主动学习

有目的地预习可以让我们带着问题学习。问题是非常好的老师。将解决问题作为我们听课的目标不仅会提高我们听课的专注度，也会帮我们突破重难点。

曾有一名高一的女生告诉我，她自从开始认真预习后，学习效果大幅提高。她说自己以前是被动听课，现在，她在听课时更主动，更有方向感。

预习时要做什么

复盘上一节课学过的知识

预习是承前启后的过程，要在复习的基础上完成。预习前，先复盘上一节课的内容，再开始预习新知识。

绘制初始思维导图，初步理解知识点

关于如何绘制思维导图，我们在上一节已经讲过了。大家需要知道，预习时就要开始搭建知识框架，绘制思维导图。

我有一名学生，她的父母从她小时候起就有意识地培养她的学习能力，强调结构化思维，督促她做课前预习，画思维导图。因此，她能够高效运用课堂上的时间，将不懂的新知识补充到自己的知识框架中。她成绩一直名列前茅，被顺利保送到北大。

如果在课外找补习老师，且他规划的课程进度比学校的课程进度快，就要将从中学到的各种题型的解题思路和技巧补充到初始思维导

图上，而不是将课外补习当作预习。

做课后习题

每一节的课后习题基本都对应本节知识点、例题的解题思路和技巧。将不会做的课后习题标记出来，上课时要重点攻克。

在预习具体的学科时，我们要根据学科特点，采用不同的方法。比如，预习语文、英语课文时，除通读和做课后习题外，我们还可以在课本上标注自然段序号，尝试初步理解课文内容，或者了解作者的生平、所属流派、代表作和相关的社会背景资料等。

预习会让我们懂得在听课时该如何分配注意力，如何当堂把知识点学懂、学透。

高效听课，很关键

作为学习的主人公，学生要充分利用课堂时间，与老师的思维产生联结、发生碰撞，从而获取知识。绝大部分会学习的学生都是会听课的学生。但有很多学生不重视这个关键的学习环节，白白浪费了大好光阴。

按照听课时的专注度、思维活跃度和听课效果，我将学生的听课模式分为三种。

首先，注意力分散模式。在课堂上，一些学生的注意力完全不在老师身上，视老师为讲台上的移动背景墙；还有一些学生时而听课，时而走神，遗漏了老师提到的很多重要信息。

其次，机械模式。老师讲什么就听什么，不进行思考、提炼重要信息、归纳和总结。以这样的模式听课的学生学到的知识是零散的。

他们没有将老师讲的知识纳入自己的知识框架，下课后可能很快就忘记了老师上课时讲了什么。

最后，高效模式。以这样的模式听课的学生似乎比讲台上的老师还忙。他们会在听课时完成以下几项任务：

第一，理解课本中的知识。

课本是以教学大纲为依据编写的，老师讲课的内容都是围绕课本展开的。全面深入地理解课本中的知识是听课的目的之一，是深度学习、拓展学习、将新知识转化为长期记忆的基础。

第二，突破预习过程中的重难点。

定点聚焦，解决预习过程中标注出来的问题，不留隐患。将老师补充的知识、独到的见解、反复强调的重点、经典的例题和模型及自己的感悟记在笔记本上。这样，课后做总结时，才容易找出知识的脉络。

第三，储存知识信息。

边听讲，边加工信息，进行深度思考，将已经储存在大脑中的知识与老师在课堂上讲的知识相关联，举一反三。温故知新，更容易将知识记牢。

听课绝非一件轻轻松松的事。我们要高度专注，才能听得有效率。

很多人不理解，为什么不同的学生听同一位老师讲同样的内容，做同样的练习题，会产生不一样的学习效果？有一个段子生动、形象地解释了这种现象普遍存在的原因：老师讲课时，学霸以每秒200兆位的 Wi-Fi 网络通信速度听，"学神"以 3G 网络的通信速度记，"学弱"以 2G 网络的通信速度跟；有的学生听了一会儿课就掉线了，有的学生根本没有打开数据连接，还有的学生一上课就自动关机。

专注是保证听课效果的前提，不专注就无法与知识产生连接。听课时，眼睛要盯着老师，大脑要跟随老师的思路积极思考。

提分锦囊

解决学生常见的听课难题

学生：我很专注地听讲，可是，老师讲得太快了，我跟不上老师的思路。

老师：跟不上老师的思路，往往是因为对学过的知识掌握得不够牢固或者预习得不到位。许多新知识都是在学过的知识或相关知识的基础上发展而来的。

丰富的背景知识储备可以帮助学生快速理解并记住新知识，如果没有在复习、预习的过程中掌握足够的背景知识，就无法从老师所讲的内容中听出有效信息，只能死记硬背，但机械地记忆会导致头脑中的知识很难提取和应用。熟练掌握学过的知识，做好预习，才能为接下来的学习做铺垫。

学生：我上课时，要记笔记，又要听讲，总是顾此失彼，怎么办？

老师：听和记都是为了消化、储存新知识，二者可以并行不悖。顾此失彼，还是学习方法的问题。

我们提到过，预习环节不能省。如果我们在预习的过程中就已经搭建好了相关主题的初始知识框架，画好了思维导图，那么我们在上课时，就会更有目的地听讲，直接将重点和自己在预习时不懂的知识点添加到预习时已画好的思维导图上。这种记笔记的方法就不会影响听讲，反而会将老师讲的知识真正纳入自己的知识框架中。

学生：我不喜欢某个老师，或者某个老师讲的课，所以会在听课时分心，想早点下课，怎么办？

老师：意识到自己分心了，就对自己说"停下来"，而不是让分散的思维带着自己的心思跑。

每位老师都有自己的个性，不一定会让每名学生都喜欢，这不是老师的错；每名学生也都有自己的个性，不一定会喜欢所有遇到的老师，这不是学生的错。作为学生切记，因为这类原因而不好好听课，损失的不是老师，而是你自己。

学生：老师盯着我，我就会专注地听课；老师不盯着我，我就会走神。

老师：是谁让我们变成了学习的"奴隶"？

每一个习惯的后面都有深层的心理原因，我们首先要做的是觉知。知道自己的哪些习惯是不良习惯，它们是怎么形成的，要从哪些方面进行调整和改变。重复不良行为，只会"原地踏步"；改变不良习惯，才能有所提升。

学生：我上课的时候，只听我不会的内容，老师讲我会的内容时，我就开始做作业。但我常常发现自己，听漏了一些知识点。

老师：有选择地听课，看似会提高效率，其实后患很多。不分辨"以为自己会"和"真的熟练掌握"之间有多大的差别，这种心态就很容易让我们在上课时错过老师讲的新知识。很多时候，老师会在课堂上用旧知识引出新知识，讲新知识时带学生巩固相关的旧知识。学生如果在听旧知识时分散注意力去做作业，就很可能无法在老师讲自己不会的知识时回过神来。老师不会总在讲新知识时敲黑板提示大家，所以我们不要"聪明反被聪明误"。

　　我的一名学生中考时的数学成绩是全年级第1名。他在初中阶段一直找老师进行课外补习，学校里的老师在课堂上讲的新知识都是他提前学过的，于是他养成了在数学课上做作业的习惯。上了高中，他没有时间进行课外补习了，但在上数学课时做作业的习惯仍然在。从高一开始，他就总能遇到不会做的数学题，这让他很焦虑。自己的强项怎么变成了弱项？他来找我做咨询时，认为是自己没有继续课外补习导致的，其实真正的症结在于他在初中时养成的坏习惯。作业还是要在课后做。

　　学生：听课时，老师提到一个词，我就会联想到好多东西，然后思绪就回不来了。

　　老师：我们要有天马行空的想象力，因为创意和灵感就蕴藏其中。但是，我们的思绪不能像脱缰的野马一般。在听课时，我们要将注意力放在当下，让思维跟随老师前进。我们的思维要像风筝一样，可放可收。在课堂上，如果老师提示我们可以发散思维，进行联想和想象，我们就可以让思维"飞"得远一点，当老师开始讲解知识时，我们就要和老师一起将思维收回来。

精准提问，不留惑

　　我曾带领学生通过"折纸、撕纸游戏"体验向老师提问的重要作用。每个人手中纸的大小、形状都相同。我在讲台上一边折纸、撕纸，一边讲出自己的操作步骤。学生不能向我提问，只能在我的语言指引下，一步一步地跟着我操作。当我说完所有步骤，和学生一起展开手中的纸时发现，几乎没有学生的"作品"和我的形状相同，而且他们手中的纸也形态各异。

全凭主观理解，不确认、得不到反馈就可能产生理解上的偏差，导致迥异的结果。

不同的学生听同一个知识点时接收到的信息并不完全一样，这既与他们各自的背景知识储备、理解能力相关，也与他们和老师之间的互动方式相关。

在不影响老师讲课思路、学生听课效果的情况下，老师都允许并且鼓励学生提问。老师的职责是传道、授业、解惑，他们欢迎学习态度积极主动的学生向他们提问。

遇到不懂的问题，或者对某一问题的看法跟老师的看法不一致时，可以大胆地向老师提出疑问，这是学生的权利和自由。

在向老师提问方面，很多学生面临不敢提问、提不出问题和不会正确地提问三个方面的问题。

不敢提问

很多学生受个性气质影响，不敢开口向老师提问，认为那是一件非常困难的事。他们宁肯耗费时间自己冥思苦想，或在网上搜索答案。这类学生通常对老师有畏惧心理，他们怕在提问题时暴露自己的短板。

提不出问题

提不出问题的原因可能是没有好奇心，也可能是没有进行深度思考。这两者出现的原因有许多，其中一个就是父母没有帮孩子养成思考习惯。很多父母在孩子小的时候习惯于在孩子思考前就告诉孩子标准答案，以至于孩子不知道怎样自主、独立地思考。如果父母多用开放性的问句，在揭晓答案前先让孩子自己思考，寻找答案，孩子的思考能力就会有所提升。会思考的孩子都很善于提问，他们常表现出更强烈的好奇心和探索精神，敢于面对复杂的问题，会用解决问题驱动自己学习，获得更好的学习效果。

不会正确地提问

曾经有一名学生到我的咨询室来向我诉苦："我去问老师一道题，老师给我讲了几遍之后，我还是没懂，我也不好意思继续问了。为什么我们班学习好的同学找老师讲题，老师通常能消除他的疑惑？"

我对他说："你说说看，你向老师提的是什么问题？你是怎么问的？"

他说："我就拿着一张试卷，指着上面的一道错题对老师说：'这道题我没听懂，能不能请您再讲一讲？'"

我问他："你说的那名学习好的同学是怎么向老师提问的？"

他说："不知道。"

我让他留意一下那名学习好的同学是怎么向老师提问的。一周之后，这名学生走进咨询室对我说："有一天，我跟着他一起去向老师请教。他指着试卷上的一行字对老师说，'老师，从您讲这一步开始，我就有点没跟上您的思路，刚才我想到了这道题的另一种解题方法，您看看对不对'。老师跟他一起分析了他的解题方法，还表扬了他。"

"你们之间的区别是什么？"我问他。

他不好意思地说："我直接让老师再讲一遍，老师可能也不知道我的盲点究竟在哪里。如果我像他那样先思考，再向老师提出具体的问题，我相信老师一定会给我更多的帮助。下次我试试。"

通过这个案例，我们可以看到，提问之前是需要经过思考的。对于如何提出高质量的问题，爱因斯坦有一段话值得我们借鉴，他说："如果给我一个小时的时间来解决一个生死攸关的问题，我会花 55 分钟来思考问题本身，用剩下的 5 分钟来思考解决方案。"可见，向他人提问时，让对方明确问题，更有利于对方帮助我们解决问题。

在我的课堂上，我一直鼓励学生提问，当然，是在认真听课之后，有针对性地提问。

正确做题，提高题感

做题是提取、运用知识，打磨、固化知识的环节，更是检验、提高对知识的熟悉程度的必要环节。

且不说学生会不会给自己安排家庭作业以外的练习题，很多学生连家庭作业都做不好。他们抱着做完家庭作业就完成任务的态度，没有时间概念，不能专注地学习，边做作业边玩。这部分学生在考试结束后，常拍着脑袋懊恼：以为自己掌握了某个知识点，可是下笔时怎么也想不起来；遇到的题只不过是"新瓶装旧酒"，自己却没有发现，等到走出考场后才恍然大悟。

其实，他们只记住了某些知识点的一小部分，或者只是见过某些题型，却没有真正"吃透"它们。他们的口头禅是"明明记得的，明明会做的，可是……怎么考试时就不会做了"。

平时没将知识点记牢，考试的时候就无法回忆起来。我们要通过学以致用，在练习中，检索、提取、运用头脑中的知识点，不断加深对知识点的印象。

老师在课堂上的教学重点是讲解如何理解知识，如何运用解题思路。至于如何记牢老师讲过的知识，积累更多的解题思路和技巧，让知识框架不断完善，就离不开做题了。

要想做题快、准确率高，就需要我们有很强的"题感"。同学们需要用三个问题自测一下自己是否有很强的题感：

◇ 你是否只看题目下方的选项就能猜出这道题要考什么？

◇ 你是否一读完题，立刻就知道出题人的意图？

◇ 你是否在答题时思路清晰，能毫不犹豫地写出标准答案？

如果你的回答是三个"是"，那么恭喜你，你的题感很棒；如果你对其中两个问题的回答是肯定的，证明你的题感也不差；如果你对三个问题的回答都是否定的，只能说明你真的没有题感。

没有题感就会导致做题速度慢。有的时候陷入死胡同，发现此路不通后，考试时间已经过半。导致没有题感的原因可能是对知识点的熟悉程度不够，也可能是不会做题。提高对知识点的熟悉程度是需要通过多个环节解决的，此处我们主要讲如何通过做题来培养题感。

有些人可能觉得做过的题越多，题感就会越好，事实并非如此。

我曾见过一名学生，用一个月的时间做了300道数学题。他很开心，觉得自己比以前更加努力了。我问他，你做了这么多题之后，有什么收获吗？他说："我做了300道题，这就是收获呀！"但不久之后，他就沮丧地告诉我，考试时，他还是遇到了很多不会做的题。

我对他说："你回去先把你做过的300道题归类，看看其中包含了多少种题型。"后来，他告诉我，他发现那300道题只包含了三种题型及其变形。所以，他其实用了很多时间在做自己已经会做的题，而没有注意到自己还有很多不会做的题型。以三种题型去应对考试，显然捉襟见肘。

我还遇到很多这样的学生，他们花费很多时间做过很多题，但是他们的学习效率不高，做题效果不好，他们的努力可以说是"伪勤奋"。

那么，如何正确地通过做题提高题感呢？

重点做四类题
生题

有的学生做过无数题，但是成绩没有起色，就是因为他没有在自己不会做的题上下功夫，只重复做自己已经会做的题；遇到真正需要突破的难点时，他会绕道而行，始终待在学习的舒适区。会学习的孩子会主动做自己不会做的题，或者还不能熟练地做出来的题。从不会到会，从不熟练到熟练，才是有的放矢。

第三章 学习力的秘密：要想学得好，怎么学

一名学生曾经告诉我，他运用七本教辅书做练习。他并不是从头到尾地做完这七本教辅书上的每一道题，而是先做完一两本，看看哪些题型是自己还不会的，不能熟练写出答案的，然后利用其余的教辅书进行专项练习，在一段时间内集中练习一类题型，直至能娴熟地写出正确答案。

不重复做会做的题，不断强化练习不会做的和不能熟练地做出来的题，才是高效的练习。

错题

养成整理错题的习惯。错题能帮我们找出我们还有哪些知识漏洞，还没有掌握哪些解题的思路和技巧，是否有审题不清的问题，题感是不是还有所欠缺，从而引导我们对症下药。练习错题的收获不仅是会做某种题型，还包括在反思中养成更好的学习习惯，学会用更适合自己的学习方法。

母题

母题也就是经典题，大多数题都是经典题的组合和变形。在加深对知识点的理解时，弄懂相关的经典练习题，你就会发现，自己做题越来越顺、越来越快，题感逐渐增强，做题时的思路越来越清晰。

真题

除了每道题的分值是多少外，我们还可以从历年的中考、高考试卷中看出出题人的命题思路和技巧等。做真题时，我们不仅要追求答案正确，还要想清楚以下几个问题：一是出题人为什么会出这道题？二是出题人可能通过怎样的形式让学生掉入他们设计的"陷阱"中？三是这道题我之前是否做过？如果做过，之前做得怎样？想清楚这

些问题是获得题感的关键，如果想不明白出题人的命题思路和技巧，可以请教老师或同学。感悟真题，探究规律，会帮助我们提高解题能力。

因人而异，按需做题

学生的课业繁重，时间宝贵，切忌盲目做题。对基础差的学生而言，进一步掌握知识点最好的办法就是回归课本，回顾最基本的知识点。基础好的学生要根据自己的弱项，进行有针对性的训练，再挑战自己，攻克难题。

把平时的练习当考试

做题的时候不要看笔记，不要翻课本，闭书定时。靠记忆与理解做题才能及时检查出自己的知识漏洞，提高专注度、提取记忆的能力，以及应变能力，更好地为灵活自如地应对考试打基础。

要有目的，不断思考

从做题的过程中获得及时、客观、有效的反馈，觉察自己做题时的思维模式，认知其中会给自己设置障碍的思考方式，随后进行调整。

做完练习题之后，如果手里有标准答案，则进行批改，然后分析练习题，看看错题中哪些是会做却做错的，哪些是还不会做的，重新学习、记忆错题中包含的知识点。

不管做什么样的题，我们都要思考：这道题的解题程序应该是怎样的？这道题可能还会变形成什么样？其中涉及的知识点还可能出现在哪些题型中？做同一道题时，有的学生只能根据以前做过的相似的题，仿写答案；有的学生则因为学会一道题的做法而会做一类题，甚至会自己编题。

同学们运用老师在课堂上讲的答题模板时，要结合自己的解题方法。一道题中可能包含多个需要做出决策之处，在每一个"岔路口"都要思考，老师讲过的答题模板是不是最适用的，有没有其他的答题思路。通常，老师教大家的都是最便捷的解题技巧。我们在做作业时，可以将自己的思路和老师的思路作比较，分析优劣势，选择能让自己做得最快、最准确的答题思路。通过不断地练习，建立起自己应对各种题型的答题模板，就能在遇到做过的题或者变形题时，一眼看破其中的玄机，随时调用自己的答题模板。

复习，时间轴与内容区块链的结合

你真的会复习吗？

复习是为了查漏补缺、归纳总结，通过储存力和提取力的交替作用，提高对知识的熟悉程度。我们需要依据大脑的特性及记忆规律，完善学习流程，将记忆贯穿于学习过程，让记忆过程反复出现。

在巩固知识阶段，我们需要对所学知识进行复盘与检测，要看、背、读，做练习题，看错题集和思维导图。巩固知识不要等到考试前。虽然很多人相信"临阵磨枪，不快也光"，但这样的方式仅仅能应付一些平时的考试，对记牢知识并无益处。要想真正学会知识，考试顺利，就一定不要等到考试前才想到要巩固知识。

睡前和醒后是巩固记忆的黄金时间，晚上睡觉前，复盘当天学习的新课程，第二天早上醒来再复习一遍睡觉前记忆过的内容，效果非常好。而在学习新知识前，复习之前学习过的知识，有利于我们理解、记忆新知识。

此外，我们还可以用分散复习的方式，实现时间轴与内容区块链的结合。分散复习就是让知识点能够持续地、不间断地被认识和检索，从而达到巩固记忆的效果。

研究发现，分散复习的效果优于集中复习。例如，我们可以用两种方式来背诵一篇课文，第一种方式是在一个小时内一直背诵这篇课文，第二种方式是在三天内，每天用20分钟背诵这篇课文。一般情况下，后者的效果会更好，被称为"间隔效应"。其原因在于，过了一段时间再回忆之前背过的内容，比过了几秒钟、几分钟再回忆背过的内容吃力。而我们的大脑会对忘记的内容加强记忆，而且记忆时越困难的部分，在以后要用到时越容易被想起来。

另外，也有研究表明，重要的记忆会在人的睡眠中得到巩固。

每周、每月都要将本周、本月学过的知识集中复习一遍；学完一单元的知识后，将本单元的知识复习一遍。加深阶段的课后及时复习和巩固阶段的间隔复习相结合，充分遵循了艾宾浩斯遗忘曲线的规律，在每一个关键的时间节点上复习，查漏补缺，发现自己理解不到位、记忆不清晰的知识点，可以进行有针对性的巩固。

德国心理学家塞巴斯蒂安·莱特纳发明的盒子记忆法，就是一种经典记忆法，我们在分散复习时可以借鉴。他的方法有些复杂，我们在实际运用时，可以将其简化为以下步骤：

第一步，准备三个盒子，将代表不同知识点的词写在不同的卡片上。

第二步，将不熟悉的知识点的卡片放到第一个盒子里，将熟悉的知识点的卡片放到第三个盒子里，将熟悉程度一般的知识点的卡片放到介于两者之间的第二个盒子里。

第三步，每天复习一次第一个盒子里的知识点，每三天复习一次第二个盒子里的知识点，每五天复习一次第三个盒子里的知识点。

第四步，如果发现已经了解了第一个盒子里某一张卡片上的知识点，就把它升级到第二个盒子里；如果发现已经完全掌握了这张卡片上的知识点，就把它升级到第三个盒子里。而忘记了第二个盒子和第三个盒子里的知识点，就要将相应的卡片按照遗忘程度放到第一个或第二个盒子里。

按照熟悉程度，将知识点分开，有利于增强记忆的效率和稳定性。

复习的最高境界是会预估试卷上可能会出现哪些考点、哪些题型，这是一些学霸复习功课的独家法宝。

第五节　全方位管理，成为高效学习者

注意力管理好，学习力零消耗

我在课堂上，让学生做过一个练习：7分钟内依序写出1～300的所有数字，不能涂改。

这个任务听起来很简单，完成起来却没有那么容易。只有一半的学生能够完成任务，其余的多数学生会因为写错而涂改，还有个别学生中途放弃了。我问在写的过程中出错的学生，为什么会写错。有的学生说，写着写着，手酸了，注意力就分散了；还有的学生说，写的数字多了，就觉得烦躁，一烦躁，就写错了。

这个练习其实是某大学自主招生的能力测试题，看起来非常简单，简直就是一道送分题，实际上检视着我们的专注力、眼脑手协调性与思维稳定性等。

在信息爆炸的时代，高度集中的注意力似乎已经变成一种稀缺资源。我们周围有太多可以吸引我们注意力的东西。随着智能手机的普及和移动互联网的发展，我们随时随地可以看到屏幕上跳出的新奇画面和通过大数据分析精准推送给我们的广告。我们可能原本只想花十分钟查找一份资料，却会不知不觉地在电脑前待一个小时，手机和平板电脑成为许多家庭矛盾的导火索，孩子说好了要预习新课，要每天学半小时英语，可是只要一上网，制订的时间管理计划就都化为泡影。一些孩子注意力不受自己控制，逐渐形成网瘾。在他们的父母看来，网瘾简直就如同毒瘾一般，对孩子有着毁灭性的影响。它吞噬了孩子的注意力，吞噬了孩子的时间，也就等于吞噬了孩子的生命。

"欲多则心散，心散则志衰，志衰则思不达"，说的是专注力不够，是难以达到目的的。专注是一种可贵的品质，可以让我们把时间、精力凝聚到我们要完成的事情上，最大限度地调动我们的积极性、主动性和创造性，帮助我们实现人生目标。

曾经有两名学生，让我印象深刻。

一名学生数学成绩非常好，他参加过许多省市的数学竞赛，拿过不少奖。他在听课时总是盯着老师，不放过老师说的任何信息。他小的时候学习过心算，所以心算能力非常强。他说，心算的第一要诀就是专注。在他两三岁时，他的妈妈就用数字卡片和

第三章　学习力的秘密：要想学得好，怎么学

他做游戏，培养了他对数字的敏感与热爱。他的性格含蓄且理性。正在读七年级的他笃定地说，他将来肯定会从事与数学相关的研究工作。

另一名学生对历史有浓厚的兴趣，获得过全国的历史知识竞赛冠军。他把自己所有的业余时间都放在历史知识的学习上。他将很多历史人物和历史事件以上千幅历史地图的方式呈现出来。看着历史地图，他就能记忆知识，讲出故事。这也成了他独特的学习方法。

电影《阿甘正传》中，阿甘的智商只有75，他就是靠着专注地奔跑成就了传奇的人生，影响了千千万万的人。这就是专注的力量。

在学习过程中，当我们意识到注意力分散，并将其拉回到之前关注的某项学习任务上时，大脑对这项学习任务的认知会产生一定的损耗，补充消耗掉的那部分认知是需要再花费时间、消耗能量的。所以，找到注意力分散的原因，培养专注力，是高效学习不可或缺的前提。

找到自己注意力分散的原因

要培养专注力，就要先了解自己的注意力会分散的原因。

同学们需要问自己一个问题："学习时，我容易受哪些因素干扰？"

我曾听过五花八门的答案：

"身边的人，比如爸爸、妈妈、老师、同学。"

"环境，比如楼下装修的声音、广场上循环播放的音乐。"

"同学奇怪的眼神、'魔性'的笑声。"

"在网上查资料时，会被弹出的界面吸引。"

"情绪，具体地讲，就是内心强烈的不想学习、不想做作业、不想复习的情绪。"

"手机、游戏。"

"吃、喝、玩、乐，明星八卦。"

…………

注意力是如此放纵不羁，爱好自由，它会被太多的事物吸引并转移，这符合大脑的天性。

通过调查研究，我发现，除去完全不可抗拒的外界因素，学生学习时，注意力分散的原因主要有缺乏学习自主性、一心二用、身体疲倦、时间安排不合理，以及父母关系紧张或家庭环境不佳五个方面。

缺乏学习自主性

一些学生觉得，学习不是为了自己，而是为了父母。他们的身体虽然在课堂上，但是心思却遨游到九霄云外了。如果学生在我的课堂上如此，可以推测，他在其他学科的课堂上也是如此。

有一名上六年级的学生曾坦率地承认："爸爸妈妈盯着我做作业，我才能集中注意力。"那次上课是他父母陪他来的。我注意到，坐在教室前排的他会时不时地看一眼坐在后排的父母。从这个细节可看出，孩子在潜意识里接受了自己在学习的时候就要被父母盯着这个信号，所以他才会在学习时，总是想要确认父母是否在看着他。父母的过度关注和过度保护，会导致孩子离开父母独自学习时，无法很好地集中注意力。

有些学生看起来学得很专注，但事实并非如此。我曾见过的一名学生常常把自己关在房间里看书,他的父母以为他很用功,但他的成绩总是不理想。后来和他聊天时,他告诉我,很多时候他虽然拿着书,但是并没有看书,大脑里一片空白,一直在发呆。这样的学生无法集中注意力,也是因为缺乏学习自主性。

一心二用

大脑虽然潜力无穷,但是能够同时处理信息的能力是有限的。所以,我们要学会专注,学会取舍,不要顾此失彼。大脑不能同时进行两项认知活动,就如同我们"不能同时追赶两只兔子"一样。如果既想着面前的数学题怎么做,又想回忆刚才背的英语单词是怎么拼写的,我们的注意力就无法集中。

身体疲倦

缺乏精力,力不从心,人的注意力就容易分散。很多学生运动量少,晚上休息不好,还要参加很多课外培优班,上课时就很容易打瞌睡、走神、发呆。

时间安排不合理

有一类学生总是满怀激情地将学习计划安排得非常紧凑。他们虽然很用功,努力地执行计划,但成绩并不理想。因为他们的大脑得不到休息,也来不及转换学科思维,消化、吸收学过的知识,注意力很容易分散。

父母关系紧张或家庭环境不佳

以前,有一名学生对我说:"我爸妈还说我注意力不集中,他们自己的注意力也不集中啊。"我让他举个例子,他就说:"他们总是为我的学习吵架,然后吵着吵着,他们的关注点就不在我的学习上了。"

"那转到什么事情上了呢？"我好奇地问。

"如果我没考好，我妈就会说，我没好好学习，然后我爸就会说，我妈没有好好陪我学习。我妈就会问我爸，他为什么不陪我学习。过不了多久，他们吵架的内容就会完全转向其他问题，与我没有'半毛钱'关系。我在一旁显得很尴尬，我妈就会冲我大吼一声：'你看什么看？还不赶紧洗澡去！'于是我一边洗澡，一边听他们吵。争吵因我而起，但是后来好像就和我无关了……"他无奈地摇摇头，一脸落寞。

他描述的情境是很多家庭的缩影。父母因为孩子的学习而争吵，可孩子的问题还没有得到解决，父母争吵的话题就转移了。这种情景经常重现，孩子就会觉得自己是父母不和的原因，产生愧疚感。带着情绪进入学校学习，孩子上课时，自然会走神、发呆。他们会因为看到试卷上的某一道错题，不由自主地回想起前一天晚上的家庭风暴，而忽略了老师当时正在讲什么。

如何培养专注力

武林中人修炼成顶尖高手，需要专注；手工艺人做出绝世精品，需要专注；体育运动员精进技能，也需要专注。学习也一样，只有在专注时，我们才能进入最佳学习状态。

要培养专注力，首先要知道，高度专注是一种什么样的状态。对此，美国米哈里·契克森米哈赖经过调查研究，提出"心流"这个概念，即"我们在做某些事情时，那种全神贯注、投入忘我的状态"。

人一旦进入心流状态中，自我意识就会消失，会尽己所能地充分投入到挑战之中，充满能量、精神愉悦，感受不到时间、空间等外在因素的刺激，觉得事情进展顺利、毫不费力。

米哈里·契克森米哈赖认为，具有以下特征的活动容易让我们进入心流状态：

◇ 是我们倾向于做的事。
◇ 需要专注地对待。
◇ 可以提供清晰目标。
◇ 能立即回馈。
◇ 让我们产生主控感。
◇ 让我们的忧虑感消失。
◇ 让我们的主观时间感改变（例如，我们从事一项活动很长时间，却感觉不到时间的消逝）。
◇ 具有一定挑战性，是我们力所能及的，其中的障碍可以通过我们不断地练习消除。

在学习的过程中，我们或多或少都体验过心流状态。我曾在学习游泳时感受过心流的状态。通过一次次地调整呼吸、发力方式，让身体四肢协调配合，我渐渐地找到感觉，也越来越专注。从一开始的紧张到后来的自如，我越来越享受游泳的过程。

我的一个朋友曾经给我讲过她的一段学习经历。刚上高一时，物理是她学得最差的学科。寒假期间，她决意提高自己的物理成绩。她先将高一上学期的物理课本从头到尾看了一遍，理解、记住了其中包含的知识点，然后，找来了一本教辅书，把上面所有的题都做了一遍，又将错题整理出来，重新做了一遍。那两周，她完全沉浸在物理的学习中，连吃饭时都在想物理题。同学约她出去玩，她一概拒绝，当时她觉得做物理题是最好玩的事。高一下学期的第一次物理考试，她考了全班第一，班上的老师和同学都大吃一惊。

她现在从事幼教工作。她说，有一次，看到那些孩子玩玩具时特别投入，就想起了自己高一寒假的那次物理补习，当时她的状态和那些孩子的状态何其相似。

自我察觉法，给自己提示

在了解注意力对学习的影响之前，学生通常不会主动了解自己的注意力情况。在课堂上，我会通过训练，让学生察觉自己，因为只有让他们知道自己的注意力在哪里，才能进行自我调整。

在正式上课前，我会用两个问题将学生的注意力从其他的事情中拉回到课堂上：

"马上要上课了，如果满分是 10 分，此时，你给自己的注意力放在课堂上的程度打几分？如果没有 10 分，那么分扣在哪里了呢？"

听到这两个问题，学生会开始自我察觉，我会收到各种各样的反馈。

有人在注意手指上的伤口，在想它什么时候愈合。

有人在想中午点什么菜，食堂哪个窗口的师傅最亲切。

有人在想窗外飞来飞去的小鸟或者飘摇的树叶。

有人在看邻桌同学的新鞋子，想买一双一样的。

有人在想借给同学的钱，什么时候能还回来。

第三章 学习力的秘密：要想学得好，怎么学

有人在想上午打的篮球比赛，认为裁判不公平，很气愤。

有人在想自己的作业还没做完，复习还不充分，第二天考试如果考砸了，暑假就不能去参加夏令营了。

有人在想老师会不会拖堂，会不会影响自己吃午饭，开始用大脑丈量教学楼到食堂的距离，想着去晚了，没有自己想吃的饭菜了怎么办？

有人说，不知道在想什么，只是发了一会儿呆。

…………

生活的方方面面，甚至令人匪夷所思的人和事，都可能成为分散注意力的原因。

如果同学们不能在即将上课时察觉自己，收回注意力，而是任思绪信马由缰，那么，老师所讲的重点内容就成了耳边风。有的学生端坐在座位上，看上去在专心听讲，脑袋里上演的却是跟课堂内容毫不相关的微电影。时间就是生命，所以，很多学生把这种上课或学习时的注意力分散状态称为"偷分贼"。我们首先要能发觉它、拦住它，建立对注意力的掌控感。

坐在座位上，准备听课之前察觉、调整自己的注意力，对自己说："这节课，我一定要认真听讲。我要把老师讲的内容都记住，我要积极参与老师安排的活动。"把桌面上与这节课不相关的资料都收到书桌里，屁股只坐座位的前四分之三，身体坐直，身姿挺拔。如果靠窗坐，常常被窗外的东西吸引，但又无法换座位，就调整一下自己座位的角度，保证自己的身心都放在课堂上。

那些占用我们大脑很多空间的、一直悬而未决的事情，需要我们在课前及时处理好。

我问想着同学借钱不还和认为篮球赛的裁判不公平的学生，除了生气，还能做什么？他们沉思不语。我告诉他们，要相信自己有勇气、有力量、有智慧去改变那些可以改变的事情。

后来，再上课时，我问他们，还在为之前惦记的事情烦恼吗？

他们说，问题解决了。那名因裁判而气愤的学生和班上的同学一起给学校提了建议，学校答应他们本学期再增加一场比赛，届时会用新的裁判。而另一名学生以自己要买书为由，催同学将钱还给了自己。

我听很多学生提过午饭问题。我对他们说，自己能不能在路上跑得更快一点？或者如果学校允许，自己准备一点喜欢吃的水果和面包，就算不能在食堂打到喜欢的饭菜，也不用担心吃不饱……察觉到问题，找到问题的应对之道，就不会因此而分心了。

在听课和做练习的过程中，我们要进行自我察觉，如果意识到自己分心了，可以掐自己一下，提醒自己将注意力转回到课堂上。最好不用电子产品，就算要用电子产品查资料，也要提醒自己，查完之后，迅速将注意力放回原来的功课上。

多感官专注法，调控"学习信道[①]"

多感官专注法针对的就是注意力分散问题，它强调在学习中，眼、口、耳联动，思维和老师同步，将捕捉到的知识点及时书写下来，并且在书写时完成对知识的归类，是一种全方位、立体式的学习方法。

[①] 信道是不同类型的信息，按照不同的传输格式，用不同的物理资源承载的信息通道。

第三章 学习力的秘密：要想学得好，怎么学

听课时，眼睛看着老师，边听课，边将老师讲的内容在心里默念一遍，也可以动嘴，用只有自己能听到的声音重复，同时用手中的笔做标记或记笔记。思维要跟随老师的讲解高速运转。将老师讲的新知识和自己大脑中原有的知识结构联系起来，并且存储在自己的记忆库中。

我曾见过这样一名学生，他告诉我，他在小学阶段因为上课注意力不集中的问题去看精神科医生。医生在给他做完检查之后，对他说："没有什么大问题，我告诉你一个方法，你试一试，一定有用。在老师讲课的时候，老师说什么，你就跟着默念什么。"这名学生回学校后就开始用这个方法。他没想到，真的很管用。他听讲的效率提高了很多，学习成绩也有很明显的提高。他一直坚持这么做，并考上了复旦大学。

做题时，我们要充分调动感官。比如做数学题时，我们看题时就可以默读，或者用只有自己能听到的声音小声读。用手中的笔画出重要的已知条件、未知条件，将解题思路和技巧从头脑中提取出来，然后开始做题，边写边念，保证自己计算正确、书写正确。

强调书写时三个感官联动，是因为我们做题时可能会想着要尽快开始做下一题，这时，我们就可能会忽略正在写的答案的准确性。大量实践证明，多感官专注法是非常有效的学习方法。学习时的眼、口、耳调控着我们的学习信息渠道，充分发挥我们的觉知力，有助于我们在学习的每一个环节全神贯注，提高听课效率、思考效率，减少做题差错，实现高效学习。

当然，将这种方法运用于实际的学习中，固化为习惯，可能需要一段时间。学生往往在开始尝试时，因为不能熟练运用多感官专注法，觉得用这种方法听课和做题不如原来流畅、自然。打破旧习惯，养成新习惯，需要经过千百次的刻意练习。所以，不要怕花时间。在对的事情上花时间得到的回报会远高于预期。

总结经验，反复训练

可以检视一下，我们是否有过高度专注于一件事，达到物我两忘境界的经历。如果有，就将自己曾经专注于其上的原因和方法迁移到学习中，让自己在学习中也能体验到心流状态，从而达到高效学习的目的。

一名学生告诉我，她从小练习钢琴就特别专注，因为她练完琴就可以自由支配时间了。她上了小学以后，也用这种方法保证自己在做作业的时候全神贯注。

"可以自由支配时间"是这个学生的核心信念。这个信念很重要，它决定了她的行为模式，让她重视对时间的自主权、支配权，她由管理时间进入更高境界的自我管理状态。做作业时专注认真，形成了良好的学习习惯。

这名学生思维活跃。有时，老师上课时提到一个词，她就可以联想到很多东西，却忽略了真正需要认真听的知识。我就用她的信念系统提醒她："上课时专注是为了让课堂上的时间成为有效学习时间。课堂上认真听课，课后就不用多做练习题了，可以帮你节约多少时间啊。"她听进去了，并通过自我觉察的练习使上课走神的情况越来越少。

在训练专注力的过程中，大多数学生会经历四个境界：
◇ 不知不觉："我不知道我的注意力已经分散了。"
◇ 后知后觉："我知道我在上课时注意力分散了，我要调整一下注意力。"
◇ 先知先觉："还没开始上课，我就在调整自己，避免在上课时注意力分散。"
◇ 不知不觉："我在不知不觉中，就能把注意力都放在当前的课堂上。"

从某一个境界到其下一个境界，可能都需要经过反复练习直至成为习惯。这样的练习能让我们学会察觉自己的注意力，看到自己的注意力模式，从而进行有效的调整，进入高效学习模式。

身体、情绪、脑力调节好，学习状态佳

在课堂上，学生的学习状态千差万别。

有些学生精力旺盛，听课时专注认真，目光如炬，能接收老师讲的所有信息，能够积极和老师互动。这部分学生回答问题时，思路清晰，表达流畅。他们在课余时间积极参加社团活动，似乎总有用不完的劲。

有些学生则相反，上课时爱打瞌睡，总是喊累，脸上没有笑容，身心俱疲，精神萎靡，双目无光，昏昏欲睡。老师讲到精彩处，其他同学哈哈大笑，他们则一脸茫然。即使在争分夺秒的考场上，周围的同学都在奋笔疾书，一些精力不佳的学生也能酣然入睡。这样的学生睡眠往往存在问题，他们晚上睡不好，白天自然精力不足，听课和做作业的效率都很低，注意力保持的时间短暂，稍微多集中一会儿就会

犯困。

有的学生曾问我："有的时候，我好像有些身不由己，情绪低落，体力跟不上。其他同学也会这样吗？"

德国医生威廉·弗里斯和奥地利心理学家赫尔曼·斯沃博达各自通过长期的观察、研究，提出了人体生物钟理论：人的体力存在着一个从出生之日算起，23天为一周期的"体力盛衰周期"；人的感情和精神状况则存在着一个从出生之日算起，28天为一周期的"情绪波动周期"。后来，奥地利的阿尔弗雷德·特尔切尔教授发现了人的智力存在着一个从出生之日算起，33天为一个周期的"智力强弱周期"。这三个周期都呈正弦曲线变化，每个周期的前二分之一为高潮期，如果某人同时处于三个周期的高潮期，那么，他就处于心情舒畅、精力充沛、学习和工作效率高的状态。体力（Physical）、情绪（Sensitive）、智力（Intellectual），这三者的周期像钟表一样循环往复，简称为"PSI周期"。

生物钟会提醒我们，我们什么时候处于体力、情绪、智力的高潮期，可以充分利用这段时间提高做事效率，什么时候处于三者的低潮期，需要更为谨慎，放慢脚步，适时休息。

我们不仅在一个月左右的时间里有情绪、体力、智力的节律，实验证明，在一天之内，我们的记忆、身体状态等也都有各自的节律。例如，一天中记忆力最好的时间为早晨起床之后、上午8-10点、下午6-8点、晚上睡觉之前，而下午4-6点为最适合锻炼身体的时间。充分运用最佳时间，就可以提高做事效率。

然而，我们不可能将所有的学习任务都集中在体力、情绪、智力的高潮期。那么，如何保证自己始终有良好的学习状态呢？

保持身体活力

学习确实是消耗体力的事，身体出现问题，效率就会低下。做好身体管理才能使我们充满活力。

做好饮食管理

每餐吃七分饱即可，切忌吃得过饱。现代营养学研究发现，进食过饱后，大脑中被称为"纤维细胞生长因子"的物质明显增多。这种物质使得毛细血管内皮细胞和脂肪增多，促使动脉粥样硬化。长期饱食，势必导致脑动脉硬化，出现大脑早衰和智力减退现象。

重视早餐。不吃早餐会使人的身体和大脑得不到正常的血糖供给，长久的血糖营养供应不足对大脑有害。此外，早餐质量与思维能力也有密切的联系。

做好运动管理

运动是保持良好身体状态直接且有效的方法。每天利用一些时间，根据自己的身体状况选择运动项目，确定适宜的运动量，能够帮助我们保持机体活力和精神愉悦。

注意休息

牺牲睡眠去学习是得不偿失的。睡眠不仅能帮助我们恢复体力，也可以加深我们对一些重要信息的记忆，清理我们头脑中一些没用的信息。熬夜有损智力。不少人喜欢在夜间工作，这会给人的身体带来负面影响。夜间用脑会使人的身体节律紊乱，导致脑细胞衰减。同学们最好每晚 10 点半之前睡觉，睡觉时间最迟不超过 11 点。波士顿大学的科学家史无前例地拍下了人在睡眠状态下的"洗脑"过程。在深度睡眠中，血液会周期性地大量流出大脑，此时，脑脊液就会趁机发动一波攻势，清除毒素（比如导致阿尔茨海默病的 β 淀粉样蛋白），让人一觉醒来有清爽的大脑。人在没有睡着的时候，脑脊液没有充分的机会乘虚而入。

切忌蒙头睡觉。被子里的二氧化碳浓度越来越高，氧气浓度越来越低，对大脑的危害极大。

有的人白天疲倦，学习效率不高，就在夜晚报复性熬夜，形成恶性循环。一般来说，高中生每天睡八个小时，初中生每天睡九个小时，才能保证身体充满活力。如果还是感觉疲惫，就需要用额外的睡眠补充精力，比如在课间打个盹，小睡几分钟。

但是在考试等关键时刻，感到疲惫怎么办？有一名学生曾在咨询室里告诉我："考试时，写着写着，就觉得好困，脑袋好像转不动一样。试卷上还有三分之一的题没答完时，我决定先趴在桌子上睡五分钟，醒来再继续做。结果，等老师把我推醒时，我发现试卷上都是我的口水，而且距离考试结束只剩下二十分钟。我吓了一跳，开启了疯狂做题模式，结果考试结束的铃声响起时，我还没来得及做最后一题。"

在感到疲倦时，以下这些小动作可以帮助同学们缓解疲劳：

◇ 揉捏耳朵。感到昏昏欲睡时，可以用拇指和食指轻轻捏住耳朵顶端，顺着耳郭向下揉捏直至耳垂，重复做五次。可以渐渐加大力度，但不能太用力。这是一种唤醒大脑的好办法。

◇ 搓手捂眼。可以快速搓动双手，让双手变热，然后将搓热的手心捂在眼睛上，轻缓的按压和较高的温度可以让眼睛充分放松。

◇ 按摩头皮。感到发困的时候，可以用手轻轻地按摩自己的头皮，从前额往后脑勺，慢慢地用力按摩，促进脑部的血液循环，会让人感觉到精力更充沛。

◇ 正念呼吸。深呼吸，静坐冥想，让注意力回到当下。很多长期坚持用这种方法缓解疲劳的人，情绪稳定，不会经常感到焦虑和紧张，记忆力也会变好。

积极管理情绪

在我们的日常学习生活中，情绪无处不在，负面情绪可能随时出现。情绪是我们生命中不可分割的一部分，如呼吸、心跳一样，产生情绪是我们的本能。情绪是流动的、变化的。情绪的存在，让我们知道活着的滋味，知道我们此时此刻的状态，知道某件事对于我们来说是否重要。情绪管理是一个人终身的功课。

我曾让学生做自己的情绪自画像。一名开朗、阳光的六年级男生说："昨天晚上我看了会儿书，睡不着，有些烦躁，在自己的房间'鬼号'。我爸爸过来，给我讲睡前故事。然后，他回自己的房间了，我到夜里3点才睡着。今天中午，我吃了一份三分熟的牛排，带血，但是我感觉还不错。我撒盐时，手一抖，把小罐子里的盐全撒牛排上了，我有些无奈。来上课时，我迟到了，有点愧疚。"

随着他的描述，我们感受到了他的情绪真实地、自然地流动。他所说的烦躁、无奈、愧疚是我们在生活中都会产生的情绪感受。触发他产生这些情绪的，是他对自己的要求，以及他人对他的要求，例如：烦躁是因为他没有达到他对自己按时睡觉的要求，愧疚是因为他没有达到老师对自己按时到教室的要求。通过情绪，我们可以自测与调整，让自己变得更好。

调节情绪的重要性

情绪调节我们的记忆,左右我们的注意力,也影响我们深度思考的能力。我们的学习力损耗往往可以从情绪上找到源头。

首先,情绪会影响记忆。学习力包括储存知识、提取知识的能力。我们知道,我们的长期记忆与海马体有关。有研究者认为,记忆中的情绪成分储存在杏仁核中。海马体与杏仁核相互影响,触动强烈情绪反应的事件会给人留下长期的印象。

其次,情绪影响着认知加工的效果。积极的情绪会激发人的探究活动。很多学生反映,自己如果不喜欢某一学科老师,往往会不喜欢上那一学科的课,那一学科的成绩就会滑坡,因为"不喜欢"这种情绪占用了他们的大脑资源,限制了他们对这一学科的探索和认知,学习效率自然低下。

从动力系统来看,高学习力=爱学习+能学习+会学习。把爱学习放在第一位是因为,只有爱学习才能自主学习、高效学习,而厌恶、回避甚至憎恨等情绪都会影响信息的提取和加工,紧张的情绪会导致我们正常的思维活动受阻。

学生偏科其实大多是情绪问题造成的。这些情绪问题的背后是什么,值得家长、老师与学生深思和共同探讨——可能与学生缺乏某一学科的背景知识储备了或者因为其他原因感受到了挫折有关;可能与他们对该学科的认知或受父母固定型思维的影响有关,也可能与他们对某一学科老师的印象有关。

"亲其师,信其道;尊其师,奉其教;敬其师,效其行。"学生要尊重老师,老师要为学生着想。学生要想获得知识,就要抱有一颗谦恭、平静的心。不喜欢某学科的老师,带着抵触情绪,不好好听课,就会给学业带来损失。

被动的学习是低效的学习。当我们接受别人的安排完成某项任务时，我们可能对安排者及其安排的任务产生一些抵触。这会导致大脑出现一些本能的排斥反应，没有办法全力以赴地执行任务。这是一些学生上课时会出现游离状态，做作业时会拖延，考试时心不在焉的原因之一。我们通过不断地认识自己情绪背后的行为和习惯，就可以不断地完善自我，这就是自我成长。

> 我见过这样一名学生，他上课从不迟到，也会安静地听课，好像在听老师讲的知识，但是老师对他提问时，他经常一问三不知。他坦白地回答："我学习是为了我爸妈，我不喜欢学习。"我问他："那你喜欢做什么？"他告诉我："我喜欢打游戏。"
>
> 课间，看到他和同学聊天时眉飞色舞，满面笑容，和上课时的木讷形成鲜明对比，我不禁感慨，如果有一天，课本上的知识能设计得像游戏一样吸引人就好了，如果学生能用打游戏的激情来对待学习就好了。当然，从目前来看，这还只是一个美好的愿望。我们可以把一匹马牵到河边，但是不能按着马的头让它饮水。父母可以把孩子送到学校，但是，学习是需要学生自觉、自愿地完成的。

热爱学习的孩子对知识有无限渴求。他们会在新学期拿到课本后就迫不及待地将课本从头到尾看一遍；会在上课之前做好预习，搭建好初始知识框架；会在听课时全神贯注，带着问题学习；会在学习中发现问题，主动提问，和老师就问题进行互动，希望老师能给自己答疑解惑。自主自发的学习者汲取知识时就像饥饿的人扑到了面包上，而被动的学习者常用走神、玩游戏来逃避学习。享受地学习与痛苦、拧巴地学习，二者的感受截然不同，效果也有天壤之别。而且，不同的学习状态对孩子的精神面貌、身心状况，以及人格构成也有着深远影响。学生要找到自己的价值所在，就要主动学习、自我完善，适应未来复杂的、充满不确定性的社会。主动、高效地学习要以做好情绪调节为前提，愉快的情绪能让我们的大脑有足够的资源正常运转。

需要说明的是，高度兴奋的大脑同样不利于认知加工，中等、正向的情绪是大脑理性思考的关键。

善待自己的情绪

压抑负面情绪，会给我们的身心带来伤害。我们需要有"情绪的转化力"，将负面情绪转化为前行的动力。如果我们能为自己设计积极的语言暗示，就能够使自己摆脱负面情绪，拥有一种对我们的成长有帮助的正向情绪。

一个年轻人在20世纪80年代中期南下深圳，白手起家创办了一家公司。有一天他对身边的人说，他想去读MBA（工商管理硕士），不料对方说："你还知道MBA呀！"他顿时感觉被人迎面泼了一盆冷水，非常失落。然而，他以最快的速度办好了出国留学的一切手续，安排好公司的事务，开始攻读MBA。后来他回国了，在事业上有了更大的发展。作为成功人士的他接受记者采访时，讲述了这段经历。生活阅历让他可以更客观地看待当时的情景。他说，他要感谢当年泼他冷水的人，让他明白了自己在他

第三章 学习力的秘密：要想学得好，怎么学

人眼里是什么样的形象。人只有自己强大，才会被别人重视，他发誓要让自己变得强大起来，才有了后来的一切。

任何情绪都是来告诉我们一些信息的，这位企业家看到别人眼中的自己和自以为的自己之间有很大差距，将失落的情绪扭转为改变的勇气与动力，最后实现了飞跃。

正视自己的负面情绪，与负面情绪对话，才能将负面情绪转化为行动力。对此，我自己也深有体会。从师范大学毕业后，我进入一所中学当语文老师。那一年，我在教学和科研方面都取得了不错的成绩，参与的一个项目还得了省级一等奖，只是那时候的我很低调，大家对我的成绩都不太了解。而且，我是新人，大家对我也不够熟悉。年底，到了评先进工作者的时候，我发现候选名单上没有我的名字，心里有些失落。当时，我正好在学习心理课程，想起我的老师对我说过："如果你觉得不舒服，要想一想为什么，以及你可以做什么。"结合当时的情况，我想，既然我有如此强烈的情绪，说明我在意这份荣誉，我能做的就是尽力为自己争取。在投票现场，我勇敢地当着教研室全体老师的面说："我可不可以自荐？"然后，我把自己这一年所做的工作以及教学与科研成果一一展示出来。事实胜于雄辩，最后，我被评为先进工作者。我在意这份荣誉，但我更兴奋的是对自己情绪的觉察，以及由此而来的勇气与突破。

如同我们要善待试卷上的 × 一样，我们也要善待自己的情绪。情绪后面隐藏的信息对我们的学习与生活至关重要。所有的 × 都在说明我们学习中还有问题，所有让我们不舒服的情绪也都在表达我们现在面临挑战。先自知，才能调整行为。

找到适合自己调节情绪的方法

有了负面情绪后，我们的身体会出现哪些反应？

我的学生们告诉我，他们可能会：

失眠，或者以睡消愁；脸上长痘痘，流鼻血；食欲减退，或者暴饮暴食；肚子痛、头痛，或者手脚冰凉；抓狂，或者享受安静；以看动漫、玩游戏来分散注意力、转移情绪；用某种特别方式，比如猛敲键盘发泄情绪；想破罐子破摔，拖延做作业的时间……

情绪爆发时，我们心中犹如千军万马飞奔而过，五味杂陈。怎么办？

允许自己有这样的情绪，而不是对抗它。我们越与情绪对抗，越容易沦为情绪的奴隶。告诉自己，存在的即是合理的。先悦纳情绪，再用 × 密码学习法的理念解读情绪。我们需要看到我们的情绪因何而来，如果对一些事情的结果不满意，我们就要想清楚在做这些事情的过程中应该做出什么样的努力。我们的心安定下来后，情绪也会如退潮的海水一般，慢慢地退去。

与其沉溺于情绪中，被情绪牵着鼻子走，不如调整自己的身心，做情绪的主人。我收集整理了一些调整情绪的方法，供大家参考，大家可以选择适合自己的方法进行实践。

说。说的对象可以是同学、老师，也可以是父母，将不开心的事、没有头绪的事对亲近的人说出来，既方便他们从更客观的角度看待我们遇到的问题，也有利于我们捋清解决问题的思路。

听。听听柔和的轻音乐，尤其是能让人舒缓、放松的冥想音乐，让自己随音乐安静下来。

洗。学到头昏脑涨时，可以洗洗头，会马上感觉到神清气爽。当然，也可以洗个澡。据说，在洗澡的时候，人会产生很多灵感。相传，阿基米德就是在洗澡时想出了如何鉴别皇冠中是否掺杂了黄金以外的金属，进而提出了阿基米德定律。

笑。我们在笑的时候会分泌多巴胺，它又被称为快乐元素。心情不好的时候笑一笑，可能变得开心起来。我们学校某一年海外游学夏令营，带队老师是一位化学老师，他的英语并不好，但是那一次的游学活动组织得很成功。无论大家遇到什么困难，他都会笑着帮助大家解决。游学结束，接待游学团队的校方给这位化学老师的评语是："你懂得世界上最美的语言——微笑。"

哭。哭是宣泄情绪的一种方式，想哭的时候就哭一场，没什么不好。据说，女性普遍比男性长寿的一个重要原因就是女性不太压抑自己的情绪，想哭就哭，想笑就笑。

换。换一种发型，换一件新衣，换一个新书包或者笔记本，都能换一种心情。

睡。睡一觉，把所有的不愉快都放下，像电影《乱世佳人》里的斯嘉丽一样，对自己说"明天又是新的一天"。

写。把心事写出来是一种极好的自我梳理方式，也是与自己的内心对话的方式。这也是心理治疗的一种方法，叫作书写疗法。书写可以帮助我们进行自我观察和自我体验。每天写写日记，既可以调节情绪，也可以练习写作，何乐而不为呢。

唱。唱歌是一种身心都需要参与的活动，唱歌时调动的情感可以帮助我们排解压力。

运动。运动不仅能帮助我们控制体形、保持健康，还能给我们带来好心情。运动促进内啡肽的分泌，让我们远离抑郁。我的一名学生每次心情不好时，就会去学校操场上跑两圈。他说，流一身汗之后，所有的郁闷都会消散殆尽。

游戏。利用课间和同学做做小游戏，比如抛球游戏、击掌游戏、模仿游戏等，在游戏中，快乐可以互相传递。

大扫除。环境影响心情。当我们把自己的空间整理得井井有条时，心情就会不由自主地好起来。我们需要隔一段时间就整理一次课桌桌面、抽屉，使我们的学习空间整洁有序。发生不愉快的事情时，与其生闷气，不如去整理自己的房间，做做"断舍离"。洗碗、拖地、洗衣都让人觉得特别有成就感，既调节了情绪，又帮助了家人。在影视剧《小谢尔顿》中，天才儿童谢尔顿因为父母不给他买电脑，很生气，开启了疯狂做清洁的减压模式。

呼吸。练习呼吸技巧，如瑜伽的腹式呼吸。腹式呼吸能代替焦虑时浅且快的呼吸方式，是一剂很好的"减压药"。

按摩。学习简便的按摩手法，找对穴位，给自己按一按，可以达到放松的目的。

做题。这种方式比较特别，但是对一些人来说有效。樊登读书会创办人樊登说，他的父亲就是用这样的方法放松、减压的。

伸懒腰。像猫一样伸伸懒腰，能舒展筋骨，放松身心，缓解疲劳。

想象。让自己处于一个相对安静的环境中，做一个减压的想象练习。比如，将你的压力想象成一座山，这座山慢慢变成了一个小土包，你在土包上种了一棵树，树长大了，土包消失了。再比如，把你的压力想象成一张巨大的网，后来，这个圆变成了波浪线，又变成了蛇形线，再然后它就溜走了、消失了。

特殊动作。戳桌子、撕纸条、击打沙袋等。挤塑料包装膜上的空气泡,听"啪、啪、啪"的响声是很多人的减压小妙招。

我们要对自己的情绪有充分的觉察和理解。在情绪低潮期,人的自我认知、自我评价都会偏低。每到这时,不要沮丧,告诉自己:"我现在正处于 PSI 周期的低潮期,那些自己给自己的负面评价并不是客观的。不过,它们也告诉了我哪些方面需要调整,我还可以变得更好。"在这样的自我暗示下,部分负面情绪可能被清除。

总之,允许自己有情绪,积极调整,走出情绪的低潮。

科学用脑

当我们处于智力的低潮期时,容易出现"离线"状态。此时,我们就需要帮助大脑回到感知与思考的状态中。大脑神经网络由千亿个神经元细胞组成,其复杂程度堪比宇宙。作为学习者,我们首先要了解大脑的偏好,看看它喜欢什么,投其所好。我们可以通过尊重大脑的规律与喜好和健脑操两个方面实现科学用脑,顺应规律的学习方法,才能让我们事半功倍。

尊重大脑的规律与喜好

1. 大脑活动有节奏

生物钟调节着人体的睡眠与活动周期,人体的经络、器官每天都在有条不紊地运作,在 24 小时内,各有活动的高峰期和低潮期。大脑在人清晨起床后,最为清醒,此时较适合学习一些难记的东西;上午 8-10 点,人的精力充沛,是大脑思考能力最佳的时段,是做难题的好时机;下午 6-8 点也是用脑的最佳时期之一,最好整理、归纳当天所学,加深对知识的印象;入睡前一小时,可以加强对重难点知识的记忆,此时不会受倒摄抑制影响。顺应大脑的节奏可以让学习更容易。

2. 大脑喜欢色彩

大脑喜欢美丽、鲜艳的颜色。

我在指导学生画思维导图时，提醒他们至少使用三种颜色的笔。一方面，能更好地标清层次；另一方面，字的颜色赏心悦目会让大脑的记忆更牢固。

3. 大脑喜欢明亮宽敞、整洁有序的空间

教室里窗明几净，会令人心情愉快，学生的学习效率也会提高。几年前，我给一个高二的班级第一次上心理健康课时，发现几乎所有学生的课桌上都杂乱无章地堆满了课本、教辅书、笔记本，但有一名学生的课桌很整洁，上面只放了一个笔记本。我对此很感兴趣，问他为什么把桌面整理得这么整洁。他说："我习惯了上哪个学科的课，就把相应的书和笔记本放在桌面上，把与这堂课无关的东西都收起来，这样我的注意力就会专注于当时的课程。"不待我多问，他的同桌就告诉我，他学习成绩数一数二。

4. 大脑需要能量

大脑的重量约占人体体重的2%，其耗能量却占人体耗能量的20%，所以有人说："大脑正常运转时所耗费的能量足以让40瓦的灯泡持续发出耀眼光芒。"我们要注意给大脑提供足够的能量。我们都知道早餐的重要性，为了多睡一会儿而不吃早餐，会直接导致上课时精力不充沛。经过一个晚上的休息与新陈代谢，我们的身体，尤其是我们的大脑急需能量。补充优质蛋白质、卵磷脂，比如吃豆制品、鱼肉等，可以保护我们的大脑。血液中缺少葡萄糖会使人昏昏欲睡，适当地吃一些含葡萄糖的食物可以提升我们记忆、运算的精准程度，帮助我们集中注意力。另外，吃复合低糖碳水化合物，如全麦食品、蔬菜等，以及抗氧化食品，如葡萄、蓝莓等，也可以帮助我们保护大脑。

大脑消耗的能量主要由消耗大量氧气的有氧代谢产生，一旦大脑缺氧，我们就会感觉到耳鸣、头痛、眼花。如何让大脑氧气充足？我们要保证良好的作息，适当运动，让室内的空气流通。此外，还可以练习腹式呼吸法、正念呼吸法、打哈欠，感受氧气在身体里的流动，以及大脑在呼吸过程中的变化。

5. 大脑离不开水

水是生命之源，人体中有充足的水分，才能保证大脑中有足量的氧气和水分，能够高效收集、输送各种信息。一个成人一天需要饮水1500～1700毫升，不满14岁的人一天的饮水量应为1000～1300毫升，满14岁但未成年的人一天的饮水量应为1200～1400毫升。不要等到口渴才喝水，也不要一次喝大量的水，每次可饮水200毫升左右。

6. 大脑喜欢气味

我们的嗅觉神经系统与边缘系统相连，而边缘系统还包括对记忆、处理情绪十分重要的丘脑、下丘脑、海马、杏仁核。气味与记忆关系密切，一些给我们留下深刻记忆的气味会辅助我们增加对某些事物的记忆。

7. 大脑喜欢运动

我接触过的学霸大多热爱运动。其中一些男孩喜欢在球场上流一身汗，回到教室，会学得更起劲。

运动可以增加全身血液流量，为大脑输送营养物质，滋养神经发育，促成新细胞的生成。大脑中血量充足对于长时记忆区域海马体发挥功能尤其有效，大脑在运动中分泌的多巴胺也与记忆密切相关。另外，运动触发大脑释放脑源性神经营养素，这是一种对神经系统有益的化学物质，有了它的分泌，幼小神经元、新生神经元才能得以健康成长。

你如果不爱运动，至少也利用课间站起来走走，做做小游戏，这样上课时会更有精力。

8. 大脑喜欢愉悦

大脑喜欢温暖、富于爱的话语，喜欢赞誉之词与动听的音乐，喜欢有鲜花、阳光的美丽风景……这些都是愉悦的源泉。一些老师开始尝试以各种包含音乐的形式促进学生学习，就是因为音乐能增加学习的趣味和魅力，激活大脑更多部位的活动，使学生开动脑筋，将注意力集中在老师所讲的知识点上。在教学中，很多老师也常常设计一些配合教学的游戏，充分利用大脑喜欢愉悦的特性，使课堂充满活力。

9. 大脑喜欢问题

大脑越用越灵敏，思维活动离不开大脑。大脑也喜欢问题，爱动脑筋的人往往是爱提问的人。

10. 大脑喜欢归纳的信息

杂乱无章的信息不容易被大脑接受。大脑会在接收信息的时候主动寻找主题，以便理解和记忆。这也是我们要为各学科知识搭建知识框架的原因。

11. 大脑喜欢重复

大脑喜欢带给它成就感、愉悦感的重复行为。某个行动使大脑分泌了多巴胺，使大脑产生快感，大脑就会清晰地记住这个行动的过程，并试着使其再现。为了更有效地得到快感，大脑内的神经细胞会改变神经元的连接方式，产生新的神经回路，让产生快感的行动慢慢地变成一种习惯。例如，我们背下一篇课文，特别开心，大脑就记住了这

第三章　学习力的秘密：要想学得好，怎么学

种感觉，下一次就会更专心、更快地将课文背下来。有些孩子越学越有劲，就是因为他们的大脑喜欢上了学习后的那种成就感、满足感。可以说，这是大脑的自我奖赏机制。所有信奉并坚持"一万小时定律"的实践者，一定是在汲取知识或练习技能的过程中，让他们的大脑产生了类似报酬的东西，例如内心的价值感、成就感、得到满足的欲望等。在不断重复行为的过程中，他们大脑内部形成强韧的神经连接，行动自然也熟练起来。相反，在学习中屡屡受挫的学生心中会充满沮丧和自责，所以他们会逃避学习，成绩下降，出现厌学情绪，越来越不爱学习。

12. 大脑集中精力最多不超过 25 分钟

在课堂上，老师除了用语言，还会通过组织一些活动或使用一些工具如音乐、图片、游戏等来传授知识，让学生不至于感到无聊和疲惫，使学生的大脑保持活力。科学研究发现，人集中精力的状态最多持续 25 分钟。我在后文讲"时间管理"时提到的番茄时间的应用正是遵循了这个规律。

13. 大脑需要休息

大脑是人体的最高指挥中心。高速运转中的大脑需要接受、处理、输出成千上万条信息。持续时间较长、强度过大的脑力劳动也会使大脑疲劳。一个人如果睡眠不足，大脑就可能处于一种近乎醉酒的状态，无法让他正常学习。长期如此，对他的大脑的损伤也是很大的。睡眠是大脑细胞进行自我调整的方式，要保护大脑就要保证充足的睡眠。我一直向学生强调不要搞疲劳战，不要"开夜车"，保证每天 8 个小时的睡眠。在学校上课时，如果感到疲倦，就利用课间打个盹或者闭目养神。

人的大脑从体积上看比一个西柚大不了多少，质量为1500克左右，功能却十分强大。脑科学研究结果表明，人的大脑在理论上可储存的信息量，相当于美国国会图书馆藏书总量所包含信息的50倍。如果充分发挥大脑的潜能，人人都可能是天才。

要想有效提高成绩，就要充分了解大脑，懂得它的喜好和规律，从而运用好这个精密无比又潜力无穷的工具。要让大脑保持活力，帮助我们进入最佳学习状态，更好地为我们的学习服务，提升学习力。

健脑操

健脑操是人们在尊重大脑特性的基础上，摸索、总结出来的一些行之有效的健脑方法，能起到补充大脑能量的作用。多做健脑操，可以让我们的大脑得到充分的锻炼。

1. 学习前的准备四式

第一，小口地喝水。

最好喝白开水、纯净水，而非含糖饮料。要小口喝，让水在口腔里停留片刻，再缓缓咽下。足够的水能保证神经系统正常运作。

第二，打开脑开关。

一只手平放在肚脐下方的丹田处，用另一只手的拇指和食指分别按压两侧锁骨下方的俞府穴。同时，深呼吸四次。做完后，两只手交换位置，再伴随着四次深呼吸做按压。这个动作不仅可以刺激颈动脉，为大脑提供充足的血液和氧气，还可以放松肌肉。

第三，交叉爬行。

虽名为爬行，实则是站着做的动作。高抬右腿，让左手肘与右腿膝盖接触；高抬左腿，让右手肘与左腿膝盖接触。这个动作可以增强左右脑的连接，使它们的活动更协调。一次要坚持做30秒。

第四，挂钩。

伸出双手，手腕交叉，手掌相对，十指交叉扣合，抱于胸前，双腿交叉站立。在做这个动作时，想象我们的双手将我们的左右大脑整合、环抱在一起。这个动作有利于我们稳定情绪，集中注意力。

2. 日常练习三式

第一，打能量哈欠。

在紧张的学习过程中，人体神经系统消耗的能量较多，产生大量的二氧化碳。如果我们的呼吸不能把体内的二氧化碳及时排出体外，过多的二氧化碳就会沉积在体内，引发胸腔沉闷，身体各器官就会产生疲劳感。血液中的二氧化碳高于正常水平，就会刺激呼吸中枢，引起人的深呼吸行为——打哈欠。

打哈欠不仅可以排出体内过多的二氧化碳，而且对人体是一种保护性适应。我们睡眠不足或劳累过度时，会接二连三地打哈欠。这是在警告我们大脑和各器官已经疲劳了，需要赶快休息。早晨起床后，我们也可能哈欠不止。此时，打哈欠是人体进行自我调节的行为，能促进大脑皮层的各个功能区由抑制状态转变为兴奋状态，使大脑皮层正常工作。

当我们在学习中感到疲倦时，打打能量哈欠，会产生提神醒脑的作用。

我们可以通过主动地打哈欠，达到激活大脑的目的。紧闭双眼，假装打哈欠，同时发出轻松的哈欠声，重复做3~6次，直至打出真的哈欠。

第二，象鼻画横8。

抬起左侧手臂，将左侧脸颊贴在左侧手臂上后，手臂向前伸直，手指指向正前方，作为横着的 8 的两圆交叉点（下文称为交叉点）。想象手臂是大象的鼻子。先让手从交叉点出发，划向左上方，逆时针画一个圆后，回到交叉点，再让手划向右上方，顺时针画一个圆后，回到交叉点，在空中画出一个大大的横着的 8。循环画 8 的动作 30 秒后，换右脸颊贴着右手臂画 8。这一动作有利于平衡启动身体和大脑。

第三，双手握笔同时写字。

左右开弓，双手同时写镜像式对称的字，也就是正反字。这是一种锻炼左右脑平衡能力的活动。

健脑操有很多种，以上是比较容易掌握和操练的，费时不多，却可以给自己的大脑赋能，何乐而不为呢！

学习是一场持久战，管理好身体、情绪、脑力，是保持良好学习状态的基础。我们不可能每时每刻都处于高度紧张的学习状态中，调整好学习状态，才能提高效率，才能坚持完成平时的学习，以饱满的精神备战中考、高考。

统筹行动，正向激励

大脑会对正向态度做出积极响应。基于这样的原理，设定目标，列出计划，统筹行动，给大脑正向激励的方式学习，会使我们的学习状态更佳，学习成果更丰厚。

第一步，设定好的目标。

我们每个人都有或大或小的目标。好的目标一般是正向、清晰、包含主动性、令人振奋的。正向，要求对自己有益，有时还能给他人

第三章 学习力的秘密：要想学得好，怎么学

带来好处，创造某种福祉；清晰，要求有明确的规划，不能只是模模糊糊的想法；包含主动性，要求我们能自发自愿地去实现它，而非被人要求或受人之托；令人振奋的，要求一想起来，就热血沸腾，斗志昂扬。

比如，"我现在偏胖，准备用骑自行车上学的方法在一个月内瘦五公斤，保证到下次体检时，体重在正常范围内"就是一个好的目标。首先，它有利于身体健康；其次，将时间和减掉的重量设定得非常明确；再次，这是自己主动想要达成的目标；最后，一想到体检时，体重能在正常范围内，就可以振奋起来，坚持骑自行车上学。

第二步，列出计划，统筹行动。

我们可以将完成目标的过程分为几个阶段，比如分为启动阶段、摸索阶段、反思阶段和冲刺阶段。想好每个阶段需要自己做什么，其他人帮助自己做什么，以及需要多长时间完成每个阶段的计划，统筹自己的行动、他人的行动，并使两者相互配合。

我的一位朋友是业余马拉松爱好者，她的目标是跑遍国内的所有马拉松赛事，退休后到国外参加马拉松比赛。她凭自己的感觉跑时，跑得很慢，也很容易累，后来特意请了教练。她说，教练给她的最大启发就是，赛前除了要准备合适的装备、进行体能训练、熟悉赛场环境、注意饮食外，心态好，有阶段性目标也非常重要。

神话里的仙女棒、魔戒、咒语等助人梦想成真，但在现实中，达成任何目标都需要我们付出努力和汗水。围绕目标统筹行动，才能保

证达成目标的过程顺利进行。

第三步，给大脑正向激励。

可以告诉自己，实现目标之后怎么犒劳、奖励自己，让大脑体会到一定的成就感。相关细节越详细，就越能激发达成目标的强劲动力。因为大脑在受到正向激励后，为了感到犒劳、奖励或成就感带来的快乐，会指导行动尽快实现目标。

比如，我们攻克了一道难题，或者写出一篇不错的作文时，可能会开心得想哼歌。这就是成就感给大脑的正向激励。这也是爱学习的孩子越发爱学习、爱运动的孩子更加爱运动的原因。

当我们给自己设立目标，在行动中不断地调整自己，用美好愿景鼓励自己时，我们的内在就会有一种精神力量支撑我们，战胜困难，保持激情，一步步接近自己理想的人生状态。

时间管理，高效学习的前提

每次长假的最后一两天，我所在的家长群里，必然有家长吐槽孩子拖延时间，快开学了还没有写完作业。

"他到收拾书包时才发现，还有一科的作业忘记写了。"

"从他放假开始，我就提醒他做作业，到假期最后一天了，他仍然没有完成。"

"为了让他做作业，和他斗智斗勇，简直气到要吐血。"

"拿起笔很困难，玩手机倒可以不眠不休。真的是'人叫不动，鬼叫飞跑'。"

"老母亲伤不起，督促他做作业真的要被气到心肌梗死。"

第三章 学习力的秘密：要想学得好，怎么学

"拿生命陪读"似乎已经成为家长聊天中的一个"梗"。他们一致的诉求是："老师，请教教我们，怎样治好孩子的拖延症。"

作为常年和学生打交道的老师，我对一些学生的拖延症也深有体会。我在一个学生群里，要求学生每天以叙述自己当天学习情况的方式打卡，能坚持每天打卡的学生很少。我问其他学生没有坚持打卡的原因，一名学生脱口而出："没有时间，时间莫名其妙地就没有了。"学生纷纷点赞，看来他说出了多数没能坚持打卡的学生的心声。

打卡只需要五分钟，如果连这五分钟也抽不出来，那真的要反思一下时间去哪儿了。

有拖延症的人不在少数，只是程度不一。很多家长只看到了孩子拖延、不完成作业，但没有探究这个问题出现的深层原因。许多孩子不按时完成作业，是因为他们认为做作业很困难、很麻烦，于是抗拒，甚至逃避做这件事。

此外，没有正确认识时间和效率，也是引发他们拖延的主要原因。对于时间的感知是需要学习的，我们需要有意识地培养学生对时间和效率的认识，帮助学生体会做时间管理给自己带来的正向学习体验，消除对学习的恐惧，从而养成良好的学习习惯。

认识时间

一天包括24个小时，一个小时包括60分钟，一分钟包括60秒，这些对我们来说，究竟意味着什么？这是学生需要感受和认识的。

芬兰的一所小学实施"现象教学"，其现象教学课程设定的主题很有意思，是"时间与生命"。老师在不同的季节带学生到森林里看新叶与落叶，看花开与果实成熟的过程，看动物的迁徙与冬眠；到养老院

里和老人互动，鼓励老人和学生为彼此画肖像。在这样的过程中，学生会感受到随着时间的流逝，生命会成长、成熟、衰老与消逝，人能在有限的时间里拥有什么，或者失去什么。

这样的教育会激起学生感知教学主题的兴趣。当看着老人脸上岁月的印记，听老人讲述自己一生的经历和感悟时，学生对时间的感受会自然地生发出来，会更懂得珍惜生命和时间。这种方法值得家长和老师借鉴。

认识效率

效率就是在单位时间内完成的工作量，对学生来说，就是在单位时间内完成学习任务的量。

我曾经问过学生，他们在什么时间做什么事情的时候效率最高。一名学生说，他在课间10分钟里效率最高，他会争分夺秒地补觉、上厕所、赶作业、玩游戏、聊八卦，因为他要充分利用好每一分钟，才能做完这些事。

同样，学生要想完成学习任务，是不是也应该有充分规划和利用时间的意识呢？学生要清楚看一篇文章、做一套练习题或者跑步1000米需要多长时间，才有可能明白自己在单位时间里究竟可以完成多少学习任务，如果完不成，应该怎样改进。

做时间管理的高手

每个人的一天都是24个小时，可是大家对24个小时的运用天差地别。能取得成就的人都是管理时间的高手，他们的成功建立在对时间的珍惜和高效运用上。学会管理自己的时间，是学会自我管理的重要部分，它会让我们的未来有更大的发展潜力和无限的可能性。那么，

如何进行时间管理呢？

设置开始时间

及时开始做需要完成的事。易事久拖不解，便成难事；难事久拖不解，便成顽症。我们要对自己的拖延症有觉察和认识。用拖延进行消极反抗不仅浪费时间和精力，而且最终承担拖延后果的是自己。拖延得太久，没有完成的事情过多会逐渐让我们陷入无法前进、落后于人的困境。

拖延，或者说启动困难的重要原因之一，往往是在学习过程中缺乏好的体验。这就需要我们用正向意念调整自己，先热心，再热身，去体会尽快行动的好处，逐渐养成及时完成任务的习惯。

在这一点上，考入清华大学的一名考生颇有心得，他的时间管理经验之一就可总结为"快点开始，速战速决"。

他说："我们平常听到 start line（起始线）这个词的频率不是特别高，但与它相对的词我相信很多人都听说过，而且会把它当成督促自己行动的一个有效办法，那就是 deadline（最后期限）。其实这个被很多人认为可以督促执行的 deadline，很多时候恰恰是使我们变得拖延的原因。它会使我们不由自主地想把处理事情的时间拖到最后，这就违背了我们设置 deadline 的初衷。所以，我会更愿意设置 start line，培养超前意识。

"设置一件事情最早开始的时间，可能刚开始的时候你还不适应，因为平时缺乏自控力，懒散惯了。当你养成习惯时，你就会发现，你之后遇到的每一件事情，都恨不得快点开始，然后速战速决。"

利用碎片时间

时间像海绵里的水，挤一挤总会有的。宋朝文学家、书法家欧阳修在其《归田录》卷二中称："余平生所作文章，多在三上，乃马上、枕上、厕上也。盖惟此尤可以属思尔。"欧阳修将"马上""枕上""厕上"谓为"三上"。如今，我们称这些时间为碎片时间，善用碎片时间，将会提高我们的时间利用率。

分解学习任务，善用工具养成定时习惯

有时，我们拖延，迟迟不开始行动，与任务的难度太大有关。这就需要我们把大的、艰难的学习任务分解为若干个小的、容易完成的部分，按照优先级，给它们排序，列一份任务清单，逐个击破。

在做每一小部分的任务时，我们可以借助一些工具或方法，养成定时完成任务的习惯。番茄钟就是不错的选择。一个番茄时间为25分钟，用闹钟定时，将学习任务分解到若干个番茄时间内。进入一个番茄时间后，集中精力做事，闹钟铃声响起后，休息5分钟。哪怕目标没有完成，也要按时休息，然后进入下一个番茄时间。经过四个番茄时间后，休息15—30分钟。

当然，我们可以根据自己的学习任务来设定时间，比如学生想做一套练习题，那么就要根据题量来调整一个番茄时间的时长。

定时习惯的养成，既有益于时间管理，也有益于注意力管理。

留下一定的机动时间

弦绷得太紧容易断。我们无法保证完成任务的过程不会被其他事情打断，一定的机动时间可以缓解我们在遇到突发状况，不能完全按照计划执行时的焦虑。如果没有遇到突发状况，我们就可以自主支配机动时间，比如做做运动、休息一会儿、看看喜欢的书等。

坚持做长时间的时间统计法

苏联著名的昆虫学家、哲学家、数学家柳比歇夫是一个时间管理高手，他一生出版了 70 多部著作。

他的时间管理法就是记录完成每项任务的时间，及时总结，数十年如一日地坚持，直至去世。这样的记录方式让他能够看到自己的时间用在了哪里，工作、休息、阅读的时间在一天中各占多少，各部分占用的时长是否需要调整，他也因此逐渐获得了精确的时间感知能力。

如果我们从现在开始就像柳比歇夫那样给自己做时间表，看看自己每天、每周、每月、每学期都做了什么，分析、调整自己的时间安排，那么经过日积月累，我们就可能有所成就。

第一次就做好

时间管理以有效为原则，毕竟在考场上要分秒必争。在课堂上，要当堂消化老师所讲的内容；做作业时，提高答案的准确度，不反复检查和修改，尽量一次性做对。这样的训练会培养出良好的做题习惯。

保证自习环境的安静

置身于游乐场，是难以静下心来学习的；进了图书馆，会自动降低说话时的音量。我们的行为举止与环境密切相关。学习时，应关闭电脑、手机，自动屏蔽外界干扰。如果教室或家里不够安静，就可以去图书馆或自习室学习。在很多文学作品中，主人公喜欢躲在阁楼上学习。王金战老师在他的书里讲到，他备战高考时，发现学校的一个地窖是非常好的学习场所，那里绝非舒适之地，却是可以避开他人干扰的最佳学习场地。

必要的奖励

家长如果看到孩子聚精会神地完成了一个学习任务，可以表扬孩子或给孩子一个奖励，强化孩子的自我管理能力。但表扬和奖励的方式要得当，以免让孩子产生心理负担或者养成将做事情与获得奖品挂钩的思维习惯。在表扬和奖励孩子时，家长最需要做的，就是对孩子努力过程中的具体行为表示赞许，并引导孩子思考他是怎样高效完成任务的。有积极的肯定、切实可行的帮助、循序渐进的引导，孩子进行时间管理的能力就会越来越强。

谨慎选择教辅资料和课外补习

我一直提倡以课堂学习为主，用教辅书、找课外补习为辅。许多会学习的孩子都不需要课外补习。遗憾的是，很多学生都将时间花在课外补习上，连轴转，没有时间做作业，身体得不到休息，上课状态不好，形成恶性循环。所以，我建议学生和家长精选合适的教辅书和课外补习，高效运用自己的宝贵时间。

认识时间、认识效率、做好时间管理，学生在学习时往往更主动、认真、迅速、准确，他们的自我成就感、自我掌控感就会得到提升，自信心也会增强，生活习惯、对学习的兴趣等各个方面都可能得到发展与成长。

以讲促学，越分享越有收获

认知科学家按学习内容的获取途径与留存率两个维度搭建的学习金字塔模型显示，把知识传授给他人，学习内容的平均留存率达90%，是听讲的18倍。所以，通过将知识讲给他人听，可以更好地学习。这种"教学相长"的学习法为1965年的诺贝尔物理学奖获得者理查

第三章　学习力的秘密：要想学得好，怎么学

德·费曼所推崇，被称为"费曼学习法"。

这种方法行之有效的原因主要有三点：

一是由于"门徒效应"，我们在学知识的过程中，给别人讲解比自己学更有助于将知识学透。为了输出优质内容，我们会倒逼自己输入优质内容，积极思考。

二是给他人讲解的过程，也是信息提取的过程，我们会在组织语言时充分思考和准备，毕竟听者可能会提出千奇百怪的问题。

三是积极的社会交往让人精神愉悦，可以创造精神上的福利。被他人需要会让我们产生良好的自我认同感。这也体现了"社会助长作用"，即他人在场会增加人的行为效率，也被称为社会促进作用。

我在教学中发现一个现象，一些学习成绩优异的学生是乐于帮助同学的，当同学来向他们求助时，他们会不厌其烦地给对方答疑解惑，直到对方弄懂为止。看上去，帮助同学占用了他们的学习时间，但他们的学习成绩并未受到影响。原因就在于，他们在给他人解答问题时，需要积极调取知识储备，对问题进行深入思考，使他们的知识深度和广度都得到拓展，这可谓是助人利己的双赢之举。

Y同学认为，学习×密码学习法使她收获很大。她读初三时，我请她给学习×密码学习法的学生做过一次分享。后来，在她即将前往新加坡莱佛士书院求学之前，她又承担了×密码学习法作业打卡的点评与反馈任务。她为此制订计划，安排时间，坚持为同学们点评作业、答疑解惑，付出了很多。她说，在这样的过程中，自己也在不断检索、回忆学过的×密码学习法知识，反思自己做得如何，这使她不仅更熟练地掌握了知识点，也练习运用了知

识点。而且，经此一事，她觉得自己的收获很大。她不仅从同学们的叙述中学习到了许多新的学习方法，还更真切地体会到了同理心在人际关系中的重要性。她在回复同学们时，会表达自己的感同身受，会有意识地用询问的语气、商榷的态度与同学进行交流，对问题抓大放小，和同学们共同探讨、共同成长。

我先后请她给参与学习 × 密码学习法的学生做过三次语音分享，她一次比一次说得好，逻辑清晰，语言流畅，她的勤奋、热情、自信也深深感染了大家。从她身上，我看到学生通过践行 × 密码学习法，知行合一，越分享越有收获的成长路径。

（附录三是 Y 同学做语音分享的文字稿，她的学习体验可供读者参考。）

第四章

父母胜任力的秘密：
要想孩子成绩好，父母怎么做

父母提高胜任力，为孩子的学习与考试助力。

第一节 从改变对 × 的认识开始

× 是孩子的，也是父母的

提高学生的考试力和学习力主要靠学生自己完成，但我们也要看到，孩子的学习成绩会受到父母的影响，他们试卷上的 × 也有父母的影子。许多亲子冲突都是从父母和孩子谈成绩发展而来的。当父母的眼里只有成绩时，孩子的心里就会对成绩有怨气。

在《西游记》中，如来佛给了唐僧一个法宝——金箍，且教会他紧箍咒。孙悟空将金箍戴在头上后，取不下来了。从此，一旦孙悟空不服管教，言行越界，唐僧就会念紧箍咒，孙悟空就会痛得满地打滚。

从某种意义上讲，考试就是社会打造的一个金箍，父母往往是最爱念紧箍咒的人。他们念咒的次数越多，孩子就越痛苦，久而久之，孩子就会习得父母的功利心与差别心。既然只有成绩好才能博得父母的爱，他们就会视成绩为筹码、工具，学习的内在动力就会变弱。

经过努力后，如果孩子成绩仍然不好，在最需要父母帮助时得到的却是铺天盖地的批评与指责，孩子就会觉得自己无法从学习中体验快乐，学习无法为他们赋能，他们可能会焦虑、恐慌、沮丧，甚至厌学，产生"既然我学不好，那我就干脆不学了"的想法。此时，曾经意气风发的孩子，就可能变成父母推都推不动的孩子，或者在父母的期待下，成为学习机器，缺乏背景知识储备，也有可能无法正常进行人际交往，参与课余活动。

一对父母曾因为上高二的女儿学习态度不好、期末成绩不佳非常苦恼。寒假前，他们带着女儿来找我。在做心理咨询前，我问女孩是否允许父母在场，她冲父母一瞪眼，父母就识趣地离开了。

我问她："有什么想和我聊的事情？"

她说："没有。"

我又问："你父母为什么带你来这儿？"

她一副百无聊赖的样子，回答说："不知道。"

我接着问她："你离上高三还有一个学期，现在的学习成绩怎么样？对未来有什么打算？"

她说："不怎么样，没什么打算。"

我问她："试卷上会做却做错的题更多，还是不会做的题更多？"

她说："好多都是不会做的。"过了几秒钟补了一句，"我也不是不想学了。"

我对她说："上了高中，发现有很多不会做的题，可能跟初中的基础知识不扎实有关。听不太懂老师讲的课，作业里也有一

第四章 父母胜任力的秘密：要想孩子成绩好，父母怎么做

些不会的题，学着学着，心里就很难受，我特别理解你现在的感受。"

她低下头，沉默了。

良久，我问她："从什么时候开始听不懂课的？".

女孩说："初中时，就有些听不懂了，到高中，情况就更糟糕了。"

终于，女孩愿意和我交流了。从她的口中，我了解到，初一时，她的学习成绩还不错，常考班级前三名。初二时，她的父母费了许多心血，送她去了一所更好的学校读书。她当时并不愿意，因为她的好朋友都在原来的学校。到了新学校后，她的成绩没有原来好了，听不懂老师讲的课时就会睡觉，老师会将她的表现告诉她的父母。父母会批评她，说他们费了很大力气才让她转学成功，她还不珍惜现在的学习机会。除了学习，平时什么事都不让她做，她还学不好。

女孩说："我本来心里就烦，又不是我要转学的，凭什么怪我呢？我抱怨了几句，我妈就打我。他们看我成绩不好，就给我请一对一教师。中考时，我考得还不错。刚上高中的时候，我也想好好学的，可是要么听不懂老师讲的课，要么我听懂了老师讲的，做作业时发现不会用课堂上讲过的知识。父母根本就不理解我，只会说我不认真学习。"

她顿了顿，继续说："也是的，我的学习态度不好，课上听不进去的时候，就想睡觉……"

这名高二女生的身上有很多"学困生"的影子。

女孩的父母觉得她成绩不理想是因为学习态度不好，女孩也认可这一点。但作为专业的学习策略指导教师，我看到了更深刻的原因——父母不了解孩子和孩子学习的规律，自以为是地对孩子的学习过程过度干预，孩子对父母言行的反感引发亲子冲突，导致孩子的学习精力分散，成绩下滑。

一味地打击孩子、花钱请一对一教师，体现出父母忽略了情绪对孩子学习效率的影响，也忽略了孩子进入初中、高中学习，不仅需要更多的背景知识储备，也需要更新学习思维。成绩下滑的原因不是一句"学习态度不好"就能概括的。

我相信父母都是爱孩子的，但要有智慧地去爱。这个案例中的父母没有看到隐藏在学习态度、学习能力、学习行为背后的原因，它们会直接或间接地影响孩子的学习效率和学习效果。

此外，我们还应该看到，学习效果的好坏对学习动力有增加或削弱的作用。取得良好的学习成绩时，学生会产生自豪感和自信心，会进一步增加学习意愿，以更大的热情投入学习。如果学习成绩不理想，就会使他们学习的信心与兴趣减弱，学习动力降低。

现实生活中，很多家长、学生常常陷入怪圈中。学生的学习成绩不好，就会在课外找老师补习；学生的学习成绩退步，就要受到更多的批评和指责。许多家长很忙，依然每天和孩子一起奔波到不同的地方，见不同的老师。他们的孩子看起来学得拼命，但学习成绩不见起色。努力做出改变，却没有得到预期的结果，家长和学生都很无奈。

学习不是短跑，而是马拉松，仔细复盘导致学习效果不佳的真正原因，才能有针对性地解决问题，降低学习的盲目性。我们常说的"不能用战术上的勤奋掩盖思维上的懒惰"，讲的就是这一点。

第四章　父母胜任力的秘密：要想孩子成绩好，父母怎么做

分析孩子试卷上的 × 时，需要将家庭系统纳入思考范围。作为孩子的第一任老师，父母对孩子教育的方式会影响孩子的情绪、注意力、个性、思维、背景知识储备等。

允许犯错，收获成长

面临父母的吼、打、骂，一些孩子会懊悔、内疚、自责、失望。为了不让这种情况出现，孩子可能会逃避和推卸责任，以涂改成绩单，扔掉试卷，谎称没有考试、试题太难、考试时头疼等方式进行自我保护。他们不愿意认错，不愿意面对问题，想办法把自己做的事合理化，自我安慰，自我欺骗。其实对大多数人来说，承认错误都是有一定难度的。当我们觉得情况对自己不利的时候，我们就想通过一些方式来维护自尊，让自己免受痛苦。然而，这会让我们失去发现错误价值的机会，扭曲现实，固执己见，屏蔽自身的错误，更别说纠正错误了。当孩子陷入这种心理状态，无法从失败中汲取教训时，孩子就会反复犯相同的错误，无法在重大考试中提交让自己满意的答卷。

有些孩子总会在考试前生病，带他们去看病，医生却说没问题。心理学将这种现象称为"疾病获益"。孩子预测到自己可能考不好，无法面对老师、家长对自己的高期待，就会无意识地通过生病来逃避考试。

还有一些孩子总会在关键时刻做出一些奇怪的行为，"毁掉"自己之前努力的成果，比如在考试前一晚不睡觉，或者直接缺考。这种行为在心理学上被称为"自我妨碍"。他们太害怕自己考不好了。如果考试成绩和自己想象中的有差距，他们就会给自己贴上失败者的标签，

这样做无疑会伤害他们的自尊心。为了防止这种伤害出现，他们就会提前给自己准备好保护自己的借口。

事实上，这些孩子对待×的态度，反映出他们的父母对待×的态度。

我曾经问过一些学生："如果考得不好，你父母会有什么样的表现？"

学生们的答案是：

"他们会说'看到你焦虑，我们就不焦虑了'。他们为了让我焦虑，产生紧迫感，会跟我讲一大堆道理，把陈年旧账也翻出来和我谈，我想不焦虑都很难。"

"他们总希望通过打击我，让我化悲愤为力量。其实我玩了一会儿游戏以后，悲愤就没有了。"

"他们很急躁，会指责我。我现在已经习惯了，对他们的话没什么感觉了。"

"他们喜怒不形于色，会和我讨论试卷上的试题。"

"他们表面上平静，内心波涛汹涌。我看到我爸的拳头握得一会儿松一会儿紧，就知道他可能在压着怒气。"

"他们表面上对我说，不要在意分数。实际上，他们在意得要命，通过语言、神态，都能看得出来。"

有一名来我这里做咨询的学生让我印象深刻。她并非学得不好，但是非常害怕考试。她说："考试时一遇到难题，我的眼前就会出现妈妈批评我时的脸，继而大脑一片空白。"

我问她："你一直都害怕考试吗？"

第四章 父母胜任力的秘密：要想孩子成绩好，父母怎么做

"原本不怕，"她说，"后来有一次考砸了，妈妈把我的试卷撕了，还说了很多很重的话，我就开始恐惧考试了。再过一年就要中考了，我的这种恐惧感愈演愈烈。"

很多家长肯定不以为意，认为没有不批评孩子的父母，爱之深责之切。事实上，我接触的家庭越多就越能感受到，孩子心中的很多创伤往往源于父母的自以为是。随着年龄的增长，大多数孩子似乎能够习惯父母对他们考试失利的态度，部分孩子甚至可以借此调侃，但这并不意味着他们没有受到影响。

家长对试卷上 × 的排斥，对孩子考试分数的过度重视，以及对孩子苛刻严厉的态度，会让孩子对失败越来越恐惧，形成一种固定型思维——犯错是很可怕的，是无能、愚蠢的表现。这种思维带给他们的焦虑情绪，会让他们在学习时分心，不敢面对问题，无法修正学习行为，在下次考试中依然无法表现良好，形成恶性循环。

更可怕的是，一些孩子会逐渐形成自己犯错时先找借口，别人犯错时毫不留情的习惯。他们会急于掩盖自己的错误，热衷于指责别人的失误，甚至能察觉他人为掩饰或逃避错误找什么样的借口。这种对待失败双重标准的错误思维，不仅影响孩子的学习成绩、未来的职场发展，也影响家庭关系。

犯错是不可避免的

为什么有些学生不怕 × 呢？他们能坦然面对 × 的原因之一就是他们的父母知道，犯错是学习过程的一部分，并不可怕，可怕的是面对错误时选择逃避或者视而不见。

我们要清楚，犯错有时是不可避免的。

首先，信息不对称时，我们可能不知道自己做的事是对的还是错的。比如，一年级的孩子还没学过"漂亮"怎么写，把"漂"写成"飘"，就是在所难免的。在他知道正确写法之前，他会认为，他的写法就是对的。

其次，我们的大脑其实并没有那么精密。在心理学中有一种现象叫管窥效应，即通过一根管子看东西，我们的视野会因受限而出现盲区。同样，当做某项任务的时间很紧迫时，我们的注意力更集中，会忽视一些显而易见的事物。比如，一名学生在考场上非常专心地做一道难题而忽略了时间，导致他没有时间做后面会做的题。

最后，和我们的预期不符不代表是错误的。很多事情的走向不以某个人的主观意志为转移，是无数相关因素共同作用的结果。

正视错误，从错误中学习

打造成长型家庭，帮助孩子从错误中学习，是×密码学习法的家庭教育理念，家长需要做到三个方面。

转变观念，允许犯错

了解×，才能成就√。用清醒的目光去看待错误，视错误为学习、提分、成长的最佳途径。错误不是能力不足的证明，相反，它是让人学习、进步的机会，我们不要用遮遮掩掩的态度对待错误，而是要从第三者视角，客观公正地看待它。

通过复盘、觉察、反思调整自己

示范如何从错误中学习，通过复盘、觉察、反思调整自己。

我们要让失败呈现出价值。既然失败出现了，我们就不能让它白白出现，要用成长型思维看待它，从中汲取经验和教训，让认知迭代、行为精进，相信失败是为了更好地成功。

主动与孩子分享自己的犯错实例

主动和孩子分享自己或他人从错误中学习、成长、进步的实例。

营造良好的家庭氛围会帮助孩子在错误中看到希望，用成长型思维面对问题，修正自己的行为习惯。犯错、不优秀不等于失败，这一点可能挑战了大多数父母的心理底线。事实上，每位父母都要做好心理准备：孩子终其一生，可能只是平凡人。

希望孩子成长、改变，父母也要成长、改变。孩子的很多观念、行为都是通过生活中的点点滴滴，从父母身上习得的。

有一天，我在小区里散步时遇到这样一家人。小朋友被一块石头绊倒了，哇哇大哭。妈妈赶紧将她抱起来安慰。爸爸狠狠地踩那块石头，大声说："让你绊我们家宝宝。"

过了一会儿，我问小朋友："我刚才看到你哭了，为什么哭呀？"

她说："我摔跤了。"

我接着问她："为什么摔跤了呢？"

她指着刚才摔倒的地方，说："这里有一块石头。"

我说："那下次怎么做才不会摔跤呢？"

她告诉我："我跑得慢一点，看着地上，就不摔跤了。"

孩子很清楚发生了什么事情，以及事情为什么会发生，父母却因为心疼孩子忽视了引导孩子正视失误的机会。孩子还小时，家长是怎么教孩子对待绊倒自己的石头的，孩子长大后就可能会用相同的方法

对待试卷上的 ×。

试卷上的 × 跟跌倒一样，它们的使命就是告诉我们一些现实背后的本质。我们需要接受它们传递的信息，并做出相应的调整。如果像那位爸爸那样做，孩子可能认为错误与自己无关，会继续走路不看路，下次遇到一块石头或者一个坑，还是会跌倒。如果告诉孩子，摔倒没关系，以后走路看到石头或者坑绕开走，孩子的路就会越走越顺、越走越远。同样，那位呵斥女儿、撕女儿试卷的妈妈，如果能告诉孩子，这只是一场考试，不是生活的全部，冷静地和孩子分析做错题的原因，孩子可能就不会在考试时想着妈妈生气的脸了。

一切的"果"皆有"因"。我们只有从"因"开始改变，才能收获不一样的"果"。家长想帮助孩子提高学习力，首先要改变对试卷上 × 的认识，正确看待 ×。孩子不那么焦虑，没有那么多情绪内耗，学习力自然就会提升。

第二节　重视父母对孩子的影响

成长型思维让孩子看到自己的潜力

成长型思维是斯坦福大学卡罗尔·德韦克教授在她的研究中提出的与自我发展相关的思维方式。她认为人类有意识的或无意识的思维方式蕴含了无限的能量，一个拥有成长型思维的人，乐于接受挑战，会积极扩展自己的能力，未来更可能取得成功。面对现状，具有成长型思维的人认为凡事皆有可能，视每一次失败为一堂课。

第四章　父母胜任力的秘密：要想孩子成绩好，父母怎么做

与成长型思维相反的是固定型思维。以固定型思维思考的人会将成败归因于先天条件与外在因素。他们回避问题，害怕失败，自我设限。

父母的思维方式会在与孩子相伴时，通过语言传递给孩子。下面这个案例或许会给大家一点启示。

有一天，我接待了一位"别人家孩子"的妈妈。当时，全国高中奥林匹克竞赛湖北赛区成绩发布，她的孩子不仅斩获两门学科的奖项，还入选了省队。面对老师和朋友的祝贺，这位妈妈在欣喜之余却有些焦虑。孩子学习数学、物理、化学、生物时从来都轻松主动，不仅学习了竞赛的内容，还自学了大学课程，但学习语文、英语时却拖拉、磨蹭、低效，想到语文、英语在高考中占300分，妈妈来找我咨询。

通过这位妈妈的讲述，我了解到，孩子对物理、化学、生物的喜爱简直到了痴迷的程度。课余时间，其他同学参加社团活动，他就泡在学校的理科实验室里，还把自己的压岁钱拿出来购买学习资料；在这几门学科上遇到棘手的难题，其他同学都会觉得烦，他却如获至宝，不解决问题不罢休。但他对语文、英语的学习就是应付，遇到难题，撂下一句"我没有文科细胞"，就弃置不顾。孩子上初中时，语文、英语和其他学科的成绩差别还不是很大，她和丈夫也就没有过多在意。可孩子上了高中，他们发现，孩子的数学、物理、化学、生物成绩总是遥遥领先，语文、英语成绩却江河日下。理科老师对孩子的赞美不绝于耳，文科老师则频频发出警告："不能忽视文科知识啊，以后做科研时发表论文还需要呢！"

孩子身边的人几乎都认为，孩子对理科和文科的学习态度完

全不一样是兴趣使然。

我对这位妈妈说:"请再想一想,孩子对待理科与文科的学习态度有没有受爸爸或者妈妈的影响?"

她愣了一下,告诉我,她丈夫是学物理的,她是学生物工程的,孩子的观察能力很强,从小对科学现象很好奇,会问"橡皮为什么是软的?为什么不同的橡皮有不同的味道?""手掌为什么会变色?"等等。识别数字对有的小朋友来说很困难,而她的孩子小的时候就没有遇到过这个问题。但她帮孩子做语文或英语试卷的分析时发现,孩子常常分不清试卷上的"拌"和"伴""手"和"毛""b"和"d""j"和"i"。

我问她:"发现孩子分不清汉字或字母时,你和孩子的爸爸是怎么对待这件事的,帮助孩子纠正错误了吗?"

"没有。"她说,"孩子的爸爸还常常笑着说,'龙生龙、凤生凤,老鼠的儿子会打洞',他小时候也和我们的儿子一样。"

"龙生龙、凤生凤,老鼠的儿子会打洞。"我重复了一遍她的话,继续追问,"抱着这样的想法,你们在指导孩子学习的时候,是不是会有意无意地体现出对文科和理科的不同态度呢?"

这个问题勾起了她的回忆。由于他们对理科知识有足够的储备,会第一时间给出权威性的回答,所以孩子问理科的相关问题时,他们总是能给孩子更多的思考建议,引导他思考得更加深入,孩子也越学越有兴趣,逐渐成了理科学霸。但他们对自己的文科知识储备没有那么自信,所以孩子问文科的相关问题时,他们就不那么热情了,有的时候甚至会搪塞孩子。他们认为,学好理科才是王道,文科只是辅助性学科。

父母的固定型思维导致偏颇的教育观念。孩子严重偏科，知识结构与能力结构不平衡，给他的高考成绩埋下了隐患。父母需要调整自己的观念、思维模式，用成长型思维引导和影响孩子，让孩子看到自己在语文和英语的学习方面同样具有潜力，他需要充实自己的背景知识储备，在语文和英语的学习中投入更多的时间和精力。

可喜的是，在我的启发下，这位妈妈和她丈夫的观念发生了变化，开始用成长型思维激励孩子面对学习语文、英语时的困难。孩子的信心增强了，成绩有了显著提高，后来考上了理想的大学。

父母的思维方式会潜移默化地影响孩子，孩子在学习中遇到的问题可能与父母传递给孩子的思维方式有关。为人父母者在教育、引导孩子的过程中，一定要保持对自我的觉知。孩子身上出现问题时，父母应先反省一下，孩子的思维方式是否受到了自己的影响。如果是，就要从转变自己的观念做起，这才是正本清源的教育方式。

用正向语言帮助孩子提升学习力

被相信、被允许、被爱着的孩子是幸福的。可惜并非所有的父母都有用正向语言跟孩子交流这种智慧。有些家长不仅不能适时鼓励孩子，还在孩子对未来存有天真的幻想时，打击、嘲笑孩子；在孩子遇到困难时，批评、指责、贬低孩子。这样的教育方式会渐渐耗损孩子丰富的生命能量和充足的学习力，使孩子变得越来越畏首畏尾。

我曾经接待过这样一名高三学生，在9月的调研考试中，他只参加了第一场语文考试，就说肚子疼，不再考了。11月调研考试时，相同的状况再次发生。他去医院看病，但检查结果并未显示出什么异常。到了次年1月的调研考试，他就更痛苦了，连第一场语文考试都没有考完。他的班主任老师让他过来找我，我就问他："为什么总放弃考试呢？"他告诉我，他考不下去。我问他有什么想法，他也说不出来，我就让他把自己想的都写出来。他写了两张纸的想法，字迹密密麻麻，内容很多。其中"语文考得不好，后面的学科就不用考了。以后要是考不上大学，现在读书就没什么意义"的观念，在我看来非常重要。

我问他："语文考得不好，还可以考好数学啊。怎么就放弃考试了呢？"他说："语文考不好，总体成绩就不会好，成绩不好，以后连菜都卖不了。"

我问他，这个观念来自哪里。

他告诉我，他还在上幼儿园时，有一天，他妈妈下班后带他去买菜。快收市时，菜都不怎么新鲜了，他和妈妈转了一圈都没有买到称心的菜。他很天真地对妈妈说："妈妈，以后我长大了就去卖菜，把最好的菜都留给你。"他妈妈说："卖菜？你以为卖菜很容易？卖菜的叔叔阿姨都是博士毕业的。你不好好读书，以后连菜都卖不了。"妈妈也许是和他开玩笑，但是可以想象，妈妈平时对孩子的要求是很高的。孩子把这话记在了心里，产生了"成绩不好，以后连菜都卖不了"的想法。

我还了解到，从小学到高中，他跟父母、老师的关系越来越好，但跟同学的关系越来越差。我问他："为什么会这样？"他说："从小我妈妈就对我说，上学是为了跟老师学知识，不是为了交朋友。"所以，他从来不和同学玩。他告诉我，他能答好语文试

第四章 父母胜任力的秘密：要想孩子成绩好，父母怎么做

卷上需要死记硬背的题，但是做需要发散性思维的阅读题、写作文，都很吃力。

我大概找到了他语文不好的原因。语文试题中常包含见仁见智的问题，阅卷老师们发现，如果阅读题材料和学生的某段经历相关，那么学生就能答得更接近标准答案，也更加完整。这就是知识储备帮助我们提高理解力的表现。这个孩子的世界里没有友谊，缺乏真实丰富的生活体验。这导致他对文学作品的深度理解能力、批判能力和迁移文学知识的能力都不够。他对语文考试有强烈的恐惧情绪，头脑中的固定型思维又将对语文考试的恐惧泛化成对所有学科考试的恐惧。

在应激状态下，进入大脑的信息更多地传递到做出"逃避与应对"反应的中心——杏仁核，通向处理感觉信息的丘脑的信息流量会减少，同时，流向判断与决策中心——前额皮层的血量也会减少。也就是说，过度的焦虑会限制学生理性思考和认知转变的能力，降低学生从已有的知识储备中获取正确答案的能力。

长期处于焦虑状态的学生，记忆力会受损，他们可能拼命地想也想不起来之前明明记住了的知识。因此让死记硬背的行为增加，这会进一步限制他们发散性思维和创造性思维的发展。长期焦虑还可能使人神经衰弱，免疫系统功能下降，容易生病。一些孩子患上心因性疾病，可能就是长期焦虑造成的。

这名高三的孩子一遇到考试就肚子疼，其实就是因为他的父母给他定了一个很高的目标。如果真的像孩子的妈妈说的那样，学历达到博士以上才能养活自己，那么让这个世界上的大多数人情何以堪。她持续将让孩子感到焦虑的信息传递给孩子，只能让孩子在每一场考试

前都觉得如临大敌。

多少父母以为自己把最好的一切都给了孩子，却经常以爱之名无形地伤害孩子。不要总觉得孩子幼稚，父母对孩子的影响其实超出许多父母的想象，父母不经意间的话语就可能成为孩子内心深藏的情绪开关。

做父母也是需要学习的，通过学习做有胜任力的父母，才会和孩子建立良好的亲子关系。让孩子具有反脆弱的能力，孩子才能始终保有与生俱来的元气和活力。然而，很多家长抓住分数不放，拿自己的孩子和别人家的孩子比较，甚至拿别人家孩子的强项和自己家孩子的弱项比，把自己的标准和期望加诸孩子身上，忽视孩子的努力和感受，引起孩子的反感，极大地伤害了孩子，也会让孩子总是否定自己。

一位妈妈说，听了我的课后，她反思了自己。女儿上高中后，每次考完试回到家，她对女儿说的第一句都是："这次考得怎么样？"孩子好像离自己越来越远。孩子最近一次考试回到家，她做出了改变，见到孩子，就给了孩子一个拥抱，并且问她："累不累？考试辛苦了。"孩子很意外，高兴地说："妈妈，我很感动。这是你第一次在我考试后先关心我累不累，而不是先问我考得怎么样。我感觉有几门学科考得不太好，不过我以后会努力的，相信我！"妈妈语言的力量增强了孩子的学习动力。

第三节　情感支持，让爱无伤

孩子比我们想象的更需要尊重

"我爱你，所以我对你和对别人不一样"是很多父母会对孩子说的

第四章　父母胜任力的秘密：要想孩子成绩好，父母怎么做

一句话，通常用来解释父母为什么会对孩子比较严苛。有些父母甚至把让孩子受挫当作一种爱的表达。人最初的爱与挫折感都来自原生家庭，孩子的愤怒与焦虑往往与父母对待他们的态度有关。

我曾经也是自我觉察力不够的不完美家长。

当年女儿在新加坡莱佛士书院女子足球队，球队有很多知名的赞助商，几年下来，女儿有了几十套球衣。那些球衣都很好，女儿也穿不完，我就拿去送给亲戚家的孩子。女儿回国后，我带她去外婆家玩。那天我们本来都很开心，我表弟家的孩子捧着刚从地里摘回来的西瓜，想让我们吃。当看到他身上穿着我送给他的球衣时，女儿一下子变了脸色，问我："妈妈，他怎么穿着我的衣服？"我就说："你有那么多球衣，穿不完，我就拿回来送给他，你看，他穿是不是正好？"

女儿说："妈妈，你难道不应该尊重我的意见，至少先跟我说一声吗？"

我当时一点都没有意识到自己的错误，对女儿说："你怎么这么小气、自私呢！这些衣服反正也是商家赞助的，又没有花钱。"

女儿说："那是我在新加坡生活四年的纪念，每一件衣服上都有我的回忆，你却把它们转送给了别人。"

"这不是别人，是你的弟弟。大家都是亲人。"我看着捧着西瓜呆呆地站着的侄子，忍不住反驳女儿。

一向懂事、谦和的女儿在亲戚面前哭了。我很尴尬，但我很感谢这次经历，女儿的愤怒让我知道，以后我的手不能伸得太长，不能越界。"尊重孩子"不能只是一句口号，要行动起来。我擅自

转送女儿的球衣就是对她权利的侵犯。孩子是独立的个体，不是依附于我的存在。

我将这个故事讲给学生听，引发了学生强烈的共鸣，大家七嘴八舌地开始讲起自己受过的委屈：

"我妈特别爱冤枉我，我做作业慢，她就认为我在玩游戏；我的作业写得不工整，她拿起本子就撕了。我很生气。"

"无论我说什么话，我妈都认为我在狡辩。如果我不说话，我妈又说：'你怎么不回答我？'我也很绝望啊。"

"我爸直接对我说：'你住在我家里，用我的钱，就得听我的，不然你就滚。'"

"家长就是神。"

"爸妈要是想骂我，随便找个理由就行了。"

"家长往往吃软不吃硬。每次我妈妈说我不够努力，我就说'是的，我还不够努力。'当我这样说了，我妈就会叹口气来安慰我。"

"不，我妈会说：'你怎么不行动起来呢？光说有什么用！'"

我说："哲学家罗素曾说'人生就像条河，开头河身狭窄，夹在两岸之间，河水奔腾咆哮，流过巨石，飞下悬崖。后来河面逐渐展宽，两岸离得越来越远，河水也流得较为平缓，最后流进大海，与海水浑然一体。'你们的爸爸妈妈确实有各自的局限，他们也需要学习和成长。他们都希望用自己的爱帮助你们不断汲取知识，逐渐成熟长大，陪伴你们从涓涓细流变成汪洋大海。"

"我们的父母是内陆河。"大概由于刚刚在地理课上学了有关内陆河的知识，一个七年级的男孩脱口而出。内陆河多由高山积雪和降雨

第四章　父母胜任力的秘密：要想孩子成绩好，父母怎么做

汇成，注入内陆湖泊或在中途消失于内陆。它们滋养了流经之地，遗憾的是，它们没有办法汇入大海。

我对这个孩子的比喻感到惊讶，内陆河确实可以用来形容很多父母的局限性。父母都希望孩子能够走向更远、更广阔的天地，可一些父母又并不具备相应的格局。

真的到了父母向孩子学习的时候了。身为父母，如果没有觉醒，不抱着终身学习的态度，就会使自己原生家庭中的教育方式误区影响孩子。我们应该感谢孩子，他们来到我们的生命中，让我们肩负起为人父母的责任，让我们学会如何爱。在成长的道路上，父母和孩子是彼此的引领者和陪伴者。

父母吼、打、骂，孩子战、逃、僵

暴躁的企鹅妈妈对着小企鹅大喊大叫，小企鹅吓得"四分五裂"——嘴巴飞到了高山上，肚子落进了大海里，脑袋飞上了天，双脚跑到了沙漠里，翅膀飞到了热带丛林。这是儿童绘本《大嗓门妈妈》描绘的画面。故事很夸张，但道理显而易见，那就是父母的吼叫会给孩子造成非常严重的影响。

"人类最古老而强烈的情绪是恐惧"，当我们的信念系统判断出我们面临威胁，处于危险当中时，我们的身体马上就会出现应激反应，血压升高，心跳加快，肝脏产生大量葡萄糖，引发脂肪燃烧，给身体提供能量。同时，血液循环加速，肾上腺素飙升，脑髓的可体松分泌加速。此时，我们就会启动身体的"战、逃、僵"模式。

战，就是对抗，通过语言、行动与对方进行激烈的交锋。逃，就

是逃跑、回避，以此保障自己的安全。僵，就是发呆，处于失神状态。最高级别的僵，就是装死。在动物界，很多动物擅长用僵的方式保命，比如一些鱼、负鼠、昆虫等。学生身处教室或者家中，身边没有猛兽，但是父母、老师批评他们，同学嘲笑、攻击他们，以及其他令人意想不到的情景，都让他们感受到危险和恐惧。

W同学说："上个月，我们教导主任因为某种原因让我回家待一天，并请我的家长到学校一趟。你知道这意味着什么吗？地震！绝对的八级以上地震！我妈知道后，就开始说我，不停地说，从学习成绩说到我玩手机被老师抓现行，这些都让她感觉很丢脸。一开始，我不吭声，听她讲。"

我说："这属于逃。"

W同学接着说："后来被我妈说烦了，我就和我妈吵了一两句。"

我说："这是启动了战的模式。"

W同学继续说："然后，可怕的事情发生了。我妈吵不赢我，就吼了一句'你再这样不听话，我就和你爸去领证'。老师，这是我妈的撒手锏啊！我当时大脑一片空白，僵在那里，啥也说不出来了。对、对、对！就是僵！"

我问道："领证？"

W同学回答说："领证，离婚证。"

此时，另一名同学说："老师，我妈也这样说过。"

"是吗？谁的爸爸、妈妈用离婚做撒手锏，请举手。"我问大家。

第四章 父母胜任力的秘密：要想孩子成绩好，父母怎么做

五六名同学举起了手，还有几名同学虽然没有举手，但明显在犹豫，脸上一副"心有戚戚焉"的样子。

我问同学们："这种情况下，你们的感受如何？"

他们你一言，我一语地说：

"绝望！"

"想死！"

"会有大脑缺氧的感觉！"

…………

我又问他们："这个时候要是让你们好好做作业，你们能做到吗？"

他们回答说"不能"，接着又七嘴八舌地说道：

"大脑一片空白，但是，会乖乖地坐在书桌前。"

"会发呆。"

"会偷偷流泪。"

"烦，会想找个人吵一架，但是不敢。"

"会冲出家门，等心情平静了再回来。"

"会去安抚他们。"

…………

父母把离婚当作让孩子乖乖就范的工具，会让孩子产生父母不幸福一定是因为我不够好的联想。父母把自己的问题转嫁到孩子的身上，对孩子来说是不公平的。父母的一句话，就可能在孩子的心中激起轩然大波。

W同学一开始的逃，后来的战，最后的僵，都是他正常的应激反

应。久而久之，这些反应就可能成为他应对问题的习惯性模式。

父母对孩子吼叫并不少见，在一些家庭中，甚至是常态。所以，一些孩子经常和父母对抗，遇到问题就把自己关在房间里，不再愿意感知外界。因为可能伴随着激烈的肢体动作，战、逃更容易被看到，而僵则相对隐蔽，不易被觉察，却对孩子的影响更大。部分进入僵的状态的孩子在生活中遭遇过重大危机，甚至是生命威胁，他们的心理上出现过人格解离状态，以至在后来进入某些特定情境时，会不由自主地进入这种状态。

有一名学生上课时经常发呆，脸上总带着怯怯的表情，其中暗含紧张，整个人都显得有些局促。我讲到如何反思自己的学习状态时，他有些小心地对我说："老师，当我正常听课时，我知道我在想什么，但是当我发呆的时候，我都不知道自己在发呆，而且也没有反思能力了。"

发呆的时候，思维如同白板，反思能力当然也丧失了。

了解了他的家庭情况，我便理解了这名学生在学习上存在的问题。他的父亲很聪明，事业有成。他的爷爷是当地的能人，以儿子为骄傲，但是认为孙子不如儿子聪明。孩子的妈妈告诉我，孩子小时候跟爷爷奶奶生活在一起，有一次，因为没做好一件小事，爷爷冲他大吼："这点事都做不好！"孩子当时就呆住了。如今，这个孩子总是压抑自己的情绪。有一天，因为不高兴，孩子一脚踹倒了一排停在路边的自行车，她只好将自行车一辆一辆地扶起来。最让她担心的是，孩子说自己不知道自己的感觉。孩子的爸爸认为，只要学习成绩好，别的无所谓，但是他没有看到，

第四章 父母胜任力的秘密：要想孩子成绩好，父母怎么做

与感觉"失联"不仅影响孩子的身心健康，也影响孩子的学习成绩，尤其是语文成绩。

对事物有所感知才能学习，如果父母的吼、叫、骂抑制了孩子的感知能力，孩子的学习就如无源之水、无本之木。呵斥也是一种暴力。有些父母以为自己只是说话时嗓门儿大了些，可在孩子听来，父母的话如晴天霹雳。

在《大嗓门妈妈》里，小企鹅被企鹅妈妈吼得魂飞魄散。最后，妈妈虽然一点一点地找到了小企鹅的各个部分，将小企鹅缝补完整，但是，那种恐惧可能已经深深地印在了小企鹅的记忆里。孩子童年时代受到的惊吓可能会伴随他们的一生。父母不要因为自己的无知伤害了孩子，要温和地和孩子说话。

面对不理想的成绩，孩子本来就会认知失调，父母的吼、打、骂会加重孩子的心理负担。想让孩子专注于学习，但又制造让孩子无法专心学习的家庭环境，是父母没有胜任力的表现。用爱滋养孩子，让我们的孩子免受莫名的伤害，减少他们的学习力损耗，是父母应努力的方向。

陪孩子度过青春期

"老师，我的注意力只有85%在课堂上，还有15%在想路上遇到的小帅哥。""老师，我就是300%的颜控。"一名女生笑着对我说。

在一次玩突围游戏时，她给我留下深刻的印象。她大声地提

醒大家："不要踩我的脚,我新买的鞋,今天第一次穿。"正因为如此,她反而成了大家集中攻击的对象。

她爱美、爱笑,也喜欢讲些男生、女生的八卦,会直接问年轻女老师:"老师,你的老公是你的初恋吗?如果不是的话,他是你的第几任男朋友?"

一次课间,她的座位边上围了三四名同学,都是她的好朋友。其中的一名同学讲了某所学校里传得沸沸扬扬的一件事。

教学楼走廊里有一块留言板,供老师和学生发布消息。渐渐地,有的学生开始在上面匿名留言,表达对同学的爱;有的学生恶作剧,假冒某名同学向另一名同学表白……后来,留言板上的这类信息被老师发现,就被清理掉了。

青春期的孩子在生理上逐渐成熟,说一些相关的悄悄话是很正常的。在应对繁重的学业、对老师和家长警戒之余,传递某些秘密,或分享一点挑战禁忌的快乐,结为朋友或"同盟",是青春期孩子的正常表现。孩子对自我逐渐了解也是他们成长的必经之路。

我在学校从事心理咨询工作二十余年,当然能够理解这个年龄段的孩子对于性的好奇。上中学的孩子基本上都会对八卦事件好奇,或者对异性产生朦胧的情感。只是有的孩子会将其藏在心里,有的孩子则会以含蓄的或不容易被人发觉的方式,将心中的想法表达出来。与其视之若洪水猛兽,不如加以适当的监督、引导。这对孩子的心智发展、情绪管理,甚至学习成绩提高都可能产生正面的激励作用。

老师和家长要注意方式,切忌过度主张。

一个七年级的男孩,喜欢一个同班的女孩。他把这个秘密讲给妈

第四章 父母胜任力的秘密：要想孩子成绩好，父母怎么做

妈听，妈妈不知道怎么和他谈这件事，在妈妈眼里，他还是个小孩呢。爸爸恰好相反，认为男孩就应该勇敢，"喜欢就要表白"，甚至帮他筹划怎么表白。女孩要过生日了，爸爸出钱给女孩买了一份礼物，订了一个蛋糕，让男孩送给女孩。结果可想而知，女孩的家长将东西退回来，男孩的妈妈去当"消防员"救火，给女孩的家长解释、道歉。朦朦胧胧的情愫，让两个少年很尴尬。从那以后，女孩不再理男孩了。男孩的心情可想而知，如同经历了一场风暴。

过度打压同样会引发很多问题。

很多男孩在青春期因为言行出格遭到老师或者家长的批评之后，更为叛逆，最后真的荒废了学业。在青春期，孩子身体里的荷尔蒙分泌旺盛，可是帮助他们控制情绪和行为的大脑额叶并没有发育成熟，此时少年的心是躁动的。正如美国诗人罗伯特·勃莱在他的短诗《苏醒》中写的那样"我的血管中有舰队出发，水道中响起细微的爆炸声，海鸥穿梭于咸血的风中"。

在青春期这个风暴期，孩子需要的是老师和家长的理解和关心。家长要给予孩子足够的爱。孩子言行上冲撞家长会让家长不舒服，但也是对家长的考验。是否能通过孩子的言行读懂孩子的心，是否在被冒犯时也能保持淡定、平静，是否能和孩子一起面对问题，都是家长是否有足够胜任力的表现。

良好的沟通最重要。家长要学会倾听，了解孩子的成长和变化，在孩子的思想和行为有偏差的苗头时，及时予以关注和引导，从而预防偏差行为的发生。家长要注意就事论事，不翻旧账。如果两个家长有协作的能力，可以一个唱红脸、一个唱白脸，及时化解矛盾。

青春期的孩子需要的是尊重与理解，父母可以在孩子同意的情况

下，和孩子一起制订学习计划，和孩子讨论未来的职业规划，帮助孩子走向更为广阔的人生。

第四节　放手与祝福，孩子才会长大

过度保护会剥夺孩子探索的欲望

不要因为过度保护，致使孩子失去体验挫折、失败的机会，要培养孩子直面困难、接受不完美的勇气。

许多家长出于溺爱，往往替孩子做得太多，不知不觉限制了孩子使用自己的大脑，妨碍了孩子大脑的发育，阻碍了孩子智力的正常发展。例如，有的家长恨不得在孩子上小学后还一直追着给孩子喂饭，有的父母为了让孩子保持干净，不让孩子自由地玩耍。其实，吃饭和玩耍等活动都是锻炼孩子大脑的好机会，可以让大脑做出反应、判断，调动所有感觉器官。一些不懂得科学育儿的家长剥夺了孩子成长的机会，使孩子的学习力受损，又因为孩子的学习成绩落后于同龄人，花费大量的时间、精力、金钱给孩子找课外补习老师进行补课。如果孩子没有学习力和内驱力，即使学得很辛苦，也会收效甚微，甚至是徒劳的。

一个十岁男孩的父母离婚，男孩被接到奶奶家生活，奶奶觉得男孩受了莫大的委屈，为此哭了好几天，决心把最好的爱给孙子，不让他再受半点委屈，对他有求必应。父母为了补偿他，在物质上尽量满足他，然而他们最后收获的是苦果。男孩成绩不好，

第四章 父母胜任力的秘密：要想孩子成绩好，父母怎么做

18岁时出国留学，过了两年，也没能拿到预科毕业证。败光至少200万元后，回国到一所专科院校求学。不到两个月，男孩就弃学回家，从此与外界隔离，拒绝与人交流，只玩游戏。22岁，正是青春飞扬、意气风发的年纪，可男孩几乎不出门，每天打游戏，甚至吃饭还要奶奶一口口地喂，其心理状态退行到婴儿期。

这个孩子的不幸是从他的家人对他有求必应、补偿式溺爱开始的。在他的成长过程中，奶奶的过度保护和父母的即时满足，让他回避了成长过程中的很多问题，剥夺了他自我成长的机会。他没有形成独立的思维，缺乏感受的能力，体验不到学习的快乐，自然对学习缺乏兴趣，最终难以融入社会，只能在游戏中获得快乐。

一些教育家认同这个观点："替孩子做他们能做的事，是对他们积极性的最大打击。"这是因为：一方面剥夺了孩子自己学习与实践的机会，另一方面传递出对孩子能力的不信任。孩子没有机会发展自己，就会丧失宝贵的自信和勇气，会越来越畏惧探索，能力也会退行。

许多父母一方面希望孩子赶快长大，有能力面对一切；另一方面又舍不得给孩子"断奶"，始终把孩子当作嗷嗷待哺的婴儿。

有一天，我穿过走廊去打水。一位妈妈拿着一张纸巾迎面走来，对另一位家长说："我们家孩子吃完饭还没擦嘴。"等我打水回来，路过机考教室，看到一名六年级的男同学正在往笔记本上写字，老师在一边指导他，那位妈妈站在另一边问他，有没有擦嘴。

这位妈妈如此过问饭后擦嘴这件事，想必还要管很多细小的事情，孩子的独立性也就无从培养。

托马斯·戈登在他的《P. E. T. 父母效能训练》一书中假设了一个情境：当你五岁的孩子在吃饭时，他的饭勺掉到地上，你是去帮他捡，还是让他自己捡？许多父母都会选择帮他捡。作者戈登认为，如果父母只是默默地帮孩子把饭勺捡起来，就等于告诉孩子："只有吃饭是你的责任，除此之外，你无须承担勺子掉在地上的后果。"好的教育是告诉孩子："你的勺子掉了，你得自己捡起来。如果你无法将它捡起来，可以向父母求助，并且向父母道谢。因为做好吃饭这件事，就包括你要用好勺子，如果它掉在地上，你要负责将它捡起来。"

当下有多少"巨婴"、啃老族，不知道他们年幼时，他们的父母为他们捡了多少次掉在地上的勺子。

有一次，我们在做"家庭学习力"提升活动时，一名学生在团体里发言，话音刚落，他爸爸就说："我来翻译一下。"

孩子说了什么以及爸爸怎么"翻译"的，我都不记得了，但我记得这位父亲说完"我来翻译一下"之后，孩子满脸挫败感。难道孩子说的话别人听不懂吗？真的需要爸爸的翻译吗？可能孩子说的事件有一些相关背景是其他人不太清楚的，但其他人提出问题时，孩子自己可以解释。不是孩子说不清楚，是爸爸太急于帮孩子表达。他可能觉得孩子说的与他所想的不一样，需要他重新说一遍。

我想起这个孩子坐着时喜欢摇晃身体，那么他是自在的，还是不安的？他是通过摇晃身体来缓解压力，还是表达适意？或许他周围有来自不同方向的力量牵引他或推动他，让他无法定神。他是一个很聪

第四章　父母胜任力的秘密：要想孩子成绩好，父母怎么做

明的孩子，但他的成绩并不理想。他会晚睡，上课时打瞌睡，完成学习任务时拖延时间，这些是不是也透露出他正处于摇摆状态？爸爸的力量应该是加诸孩子身上的不同力量中最大的。爸爸以为自己给了孩子向上的推力，但也许恰好相反，孩子的感受才是爸爸的力量到底起了什么作用的真实反映。

通过在工作中对学生和学生家长的观察，我发现很多父母似乎拥有与生俱来的"特权"，他们认为：我不能帮孩子考试，但是我可以借着考试，对孩子指手画脚。家长越如此，孩子越无所适从，没有信心。就像一个人开车的时候，如果旁边的人总告诉他应该怎么开车，他就容易分心、慌乱，在犹豫中出错。

父母过于急切地代替孩子学习，就相当于剥夺了孩子自己学习和成长的机会，孩子的学习能力、生活能力、对未来社会的适应能力都会因此受损。孩子的学习过程并不总是一帆风顺的，父母要用成长型思维看待孩子在学习时遇到的困难，让孩子从问题中找原因，进而克服困难，以培养孩子反脆弱的能力。如尼采所说："凡是杀不死我的，必将使我更强大。"困难很多时候是比一帆风顺更宝贵的成长经验。

忌揠苗助长，过度刺激

有些家长非常重视家庭教育，对孩子的智力开发走向了一个极端。他们把太多东西堆砌在孩子的面前，让孩子时时刻刻被玩具、课程、学习工具包围。孩子目之所及皆为父母精心打造的学习环境，这固然可以帮助孩子发展一些能力，但也可能让孩子承受过度刺激。

过早、过频繁地引导和教育孩子就属于给孩子过度刺激。过度刺

激会影响孩子主观能动性的发挥，限制孩子的好奇心、创造力与想象力。过度刺激容易使孩子变得多动、焦躁，以自我为中心，常对他人不满，不遵守公共规则。一些"熊孩子"就因此养成，他们总是需要别人满足自己，一旦得不到满足，就会用激烈的言行刺激他人。承受过度刺激的孩子需要更多更强的刺激，这带来后续学习上的一些困难。他们喜欢被动接受信息，缺少对生命的思考和对人性的体味，不会处理情绪，难以和他人沟通，不懂得感恩，做事完全依靠外力驱使，无法领略成长之美。

戈登·德莱顿曾说："如果我们能够让孩子在0-12岁时充分地看、触、尝、听，他们就能很快学到东西。如果将他们和外界隔离，剥夺他们的感觉，不让他们用眼、耳、鼻、舌、身去接触、感受这个世界，以获得更多的信息、知识，他们的智力就会退行。"

开发孩子的大脑不是简单地让孩子更快地接触更多的信息，而是要遵循孩子大脑发育的特点，对孩子进行合理、科学的训练。身为父母，在爱孩子的同时，一定要了解孩子的身心发展规律，掌握相关的脑科学知识，科学地开发孩子的智力。

做有边界感的父母

父母对孩子学习的关注是父母应尽的职责，天经地义。

知乎上有人问："为什么大多数人宁愿吃生活的苦，也不愿吃学习的苦？"

点赞数最多的回答是："大概是因为懒。学习的苦需要主动去吃，生活的苦，你躺着不动，它就来了。"

第四章　父母胜任力的秘密：要想孩子成绩好，父母怎么做

作为过来人的父母深知生活的苦。"你如果现在不吃学习的苦，将来就会吃生活的苦。为了不吃生活的苦，你现在就得吃学习的苦。"这是很多父母对孩子的教诲。他们尽可能把孩子校外的时间排满，买一种又一种网课、一本又一本教辅书。在他们的安排下，孩子像高速旋转的陀螺一般。可是，如果孩子不是发自内心地热爱学习，当父母放下鞭子，旋转的惯性消失后，孩子就会像陀螺一样倒下。有的孩子会说："是我爸妈要我学习的，不是我想学习的。"抱有这种想法的孩子，几乎没有学习的动力和主动性，提高他们的学习成绩就无从谈起。

有边界感的父母更容易培养出主动学习的孩子。父母扮演好自己的角色，掌握好和孩子相处的边界，才能对孩子的学习起到很好的促进作用；反之，父母过多干涉孩子的学习过程，对孩子的学习进行不恰当的引导，不仅会直接干扰孩子的学习节奏，影响孩子的学习成绩，还可能招致孩子的反抗，破坏亲子关系。

出于做家长的本能，父母会为孩子的前途、命运着想，不愿意让孩子输在起跑线上，更不愿意让孩子在中考、高考等赛道上落后。于是许多父母在孩子学习这件事上"大发淫威"，只要孩子的成绩不尽如人意，他们就会情绪失控，行为失当。我的一名学生说："如果我的成绩不好，我妈妈会疯的。"

学习这件事仿佛成了破坏亲子关系最大的"敌人"。有人调侃这种亲子关系为"远交近攻"。当孩子离父母远时，父母就会想念孩子，希望能与孩子平和地交流，一旦孩子在父母身边时，尤其陪孩子做作业时，很多父母就会情绪失控。

我的学生告诉我，他们和父母交流的情境是这样的：

"不谈学习，父慈子孝；一谈学习，鸡飞狗跳。"

"做作业时，我妈妈的声音吓得我都可以劈叉了。"

"妈妈骂我的时候，我的大脑一片空白。"

"他们打我的时候，我想跟他们对打。"

当父母用"别人家的孩子"激发自己孩子的学习动力时，孩子也可能用"别人家的父母"来反驳自己的父母。他们对我说："别人家的妈妈会做数学题，我妈不会。我这么一说，我妈就不再提别人家的孩子了。""我就直接说，你们为什么不在年轻的时候拼搏拼搏，好让我成为'富二代'。"

还有一些孩子说："我宁愿住校，也不愿意回家面对父母。"

多么典型的"战、逃、僵"模式！

在孩子学习时没有边界感的父母，在孩子的日常生活中也可能如此。他们偷看孩子的日记，进孩子的房间前不敲门，有的甚至在孩子的房间安上摄像头，以便随时随地了解孩子在干什么。有一名学生说："我老爸是这样对我说的，'你现在是寄居在我们家，你没有资格要求我敲门'。"

亲子之间的许多情绪对抗都来自彼此的边界不清，父母把越界行为当作管教方式，孩子觉得自己不被父母尊重，个人空间被侵占，和父母的关系自然会紧张，甚至一触即燃。这样的关系常引发亲子摩擦，孩子学习的专注度和自主性就会受其影响。

一次课间，一名学生和她的妈妈发生了争执。起因是妈妈认

第四章 父母胜任力的秘密：要想孩子成绩好，父母怎么做

为她坐在教室最前面的一角，显得很怪异。其实，我们的课堂对于座位有规定，来得早的学生坐在最里侧、最前面，把靠门口的位置留给后来的人。那天，她来得最早。其实那个位置离老师最近，坐在那里听课效果很好。但妈妈并不了解，就抓住座位的问题说她，还说到孩子让她感觉怪异的其他表现。孩子很生气，和妈妈争辩，妈妈说："那就不听课了。"孩子哭了。经老师调解，孩子虽然进教室听课了，但平时爱笑、喜欢和老师互动的她在那节课上明显情绪低落，绷着脸，时不时地走神。

后来通过访谈才知道，这位妈妈年纪较大时才有孩子，因为深爱孩子，所以对于孩子的事比较敏感，会过度担心，不由自主地越界。妈妈说，其实孩子在学习方面的问题不大，她最初送孩子来学习，并不是为了提高孩子的学习成绩，而是希望孩子的情商能有所提高。后来，孩子的学习进步了，妈妈又失去了一些掌控感，不适应孩子不听自己的话。

她的话道出了很多家长的心声，他们盼望孩子长大，能独立自主，又害怕孩子长大，不想失去对孩子的掌控。一些父母在孩子取得进步后，不强调孩子的努力和主观能动性，一味强调自己的付出和给孩子的帮助，这都是剥夺孩子成就感的表现。

学会放手，做有边界感的父母，把孩子的权利还给孩子，是父母自己的功课。世间种种爱都是为了能在一起，唯有父母给孩子的爱要使孩子能成为独立自由的个体。从孩子离开母亲的子宫那一刻，孩子逐渐成为他自己的生命历程就开始了。

附录一

花开的声音——经外高中部首届父母沙龙侧记

5月,繁花盛开。

草木葳蕤,花香氤氲,暖风微醺,武汉经开外国语学校(简称经外)的校园充满了盎然生机。"经外高中部首届智慧父母·成长沙龙"在学校各位领导的高度重视下,于5月23日拉开序幕。这场沙龙就像一场及时雨,引领家长踏上成长之路。

"千家万户都好,国家才能好,民族才能好",习近平总书记高度重视家庭、家教、家风建设。"经外高中部首届智慧父母·成长沙龙"(简称父母沙龙)的开启注定意义不凡。

唤醒与觉知

唤醒家长,成就孩子。六期父母沙龙期期精彩,经外为家庭教育赋能,让学员也体验了成长的快乐。

6月27日,在父母沙龙结课仪式上,有这样一个画面:

经外高中部学习咨询中心特聘专家张玉霞老师（学员都亲切地称其为雨齐老师，下称雨齐老师）点评完一位学员的作业，都会看着对方，说："我真的很心疼那个总是为他人着想而忽略自己的你！"这位学员猛地一震，肩膀微微抖动，红了眼眶，泪水伴随一瞬间的顿悟决堤，身边其他学员递上纸巾……雨齐老师转移大家的注意力，让这位学员静静地和自己在一起……

事后，这位学员分享："没想到雨齐老师把我的底色挖掘出来了。我总在十分努力地做别人喜欢的人，却一直忽略了自己……前面两次课我手术期间坚持上的，老师也说过'心疼我'这样的话，但那个时候，我的心里、眼里没有自己，自然也感受不到老师'心疼'的那个自己。这次，老师通过我的作业一点点剥开我自我保护的外壁，我在老师的引领下看见那个小小的我，那个充满委屈、愤怒、难过、无助的内在小孩……也谢谢坐在我旁边的同学，非常暖心地给我递上纸巾，我感受到了温暖……短短六次父母沙龙课堂学习，让我拥有了一笔巨大的财富。"

其实，在父母沙龙课堂上，雨齐老师一直在做一件事情：唤醒家长的觉知。

父母沙龙每周一次两小时线下课，不管是在课堂上与学员互动交流，还是在线上讨论点评作业，雨齐老师总会追问：试试看？好奇一下？你观察到了什么？你想到了什么？通过这样的方式引导学员保持觉知，深入思考和探索学员日常看不见的部分。

有学员感慨："父母沙龙就像生活中的明灯，庆幸自己参与了这次父母沙龙活动。感谢雨齐老师每次在我们疑惑时没有直接给我们答案，而是启发我们思考。感谢雨齐老师唤醒我们的感知力。觉知是我们作为父母最需要唤醒的能量。"

为了唤醒家长的觉知，父母沙龙课堂设置了不同的情境，让学员沉浸式体验每一个当下的感觉。比如让学员左手写字，中途伴随老师的提醒或催促，这项练习让学员感受到涉足不熟悉的领域时所经历的困难和心路历程，甚至眼前浮现出孩子日常生活中面临的真实生活场景，在觉知的过程中同理孩子：

"我感受到孩子的心境，接触一件陌生的事情，其实不需要旁人说教。"

"写字这个过程很难受，听到催促更慌。体会到孩子的不容易。"

"眼花心慌，手发抖，看到别人写得比我好，很焦虑，不好意思面对自己的结果。"

"学会了换位思考，理解孩子的感受和不容易。"

"刚下笔时很排斥，也有点抵触。"

"开始感觉不可能完成，等完成后觉得自己了不起……感受到孩子开始学写字真的好难。"

"我在写字的过程中感受到了不协调。学习新习惯是一个过程，老师的态度让我心情起伏，批评、催促等让人紧张和焦虑。"

…………

同理孩子才能做到真正地接纳。父母沙龙课堂上，精心的情境设置和练习，让学员生出觉知。

雨齐老师常常提醒学员：深深地去挖掘，才能看见孩子真实经历的身为父母却看不见的部分。

父母是否能够收到孩子的信息，取决于亲子关系。只有真正接纳孩子，并给予孩子需要的支持，孩子才会在父母面前呈现真实并完整的信息，父母也因此可以看到真相。在这个前提下，父母才能引领孩子做得更好。

可见，父母保持觉知，对孩子全然接纳是多么重要！

父母沙龙课堂的情境设置给学员提供了探索和觉悟的路径。雨齐老师说："在父母沙龙课堂中设置一些情境，让父母体验感受，每一个人的分享都会有不同的角度，在分享过程中我们会看到更多元的场景、更多元的思想，这些对于父母更好地理解孩子都是非常有帮助、有支持、有益的信息。我相信，父母沙龙课堂通过营造宽松的氛围，设置拓展学员体验的活动，可以让学员看到自己，看到孩子。"

越觉察越懂得。

结果与过程

父母的焦虑往往因为过分关注结果而忽略过程。父母常常通过结果对孩子做评判指责，但这无法让孩子从中获得学习和成长。如果父母通过"不好的"结果去回看过程中到底发生了什么，并在过程中对孩子做些探索和引领，或者指导和协同，将会真正地促进孩子成长。父母沙龙就是传递了这样一个教育理念：通过不如意的结果，去探索过程中发生了什么，由此引导孩子不断调整和优化，从而成为更好的自己。

父母沙龙课程中，雨齐老师对学员的引领实际是在给家长做协同示范。

有位学员（爸爸）在分享做作业过程中的心路历程时说，因为作业内容是自己熟悉的领域，并没有体验到艰难，错失了一次成长机会。就在分享那一刻，他突然意识到：孩子平时很少跟自己交流学习问题，或许是因为他无意中流露出来的"觉得简单"让孩子感受到压力。他说，以前从来没有设身处地地想过"他还是个孩子"。那一瞬间，他觉察到自己曾经以俯视的姿态看待孩子碰到的问题，"实际上孩子已经很尽力了，我却没有看见。就像陪孩子爬山一样，我们一起爬上了山头的那一刻，我因为忘记了自己最初起步的艰难和过程的不易，没有同理孩子的感受……我们当大人太久了，忘记自己曾经也是孩子"。说着、说着，这位学员有些哽咽，泪水在眼眶里打转。

这位学员说，庆幸的是，在探索过程中，他看到结果背后的过程，原来

附录一　花开的声音——经外高中部首届父母沙龙侧记

一直费解的问题有了答案，他终于能够同理孩子。日后，他会俯下身来，换一个角度和孩子聊天。相信这位学员自我调整后，和孩子的关系会越来越近。

这位学员还说，他以前也看过不少心理学方面的书，听过不少讲座，但在实践的时候仍然有点摸不着脉络，父母沙龙强调的"通过结果探索过程"的教育理念，让他看到靶心，少了焦虑，心态也就平和多了。这是他参加父母沙龙最大的收获之一。

过程好，结果自然没有问题，因为水到渠成。急功近利，往往让人对问题的回溯流于形式和表面。雨齐老师说，家长们往往只看到孩子的学习行为，看不到背后孩子的问题：孩子爱不爱学习？会不会学习？能不能学习？考试分数背后孩子的知识熟练度怎么样？孩子在考场表现得怎么样？我们需要调整的是过程。她说，教育一定由内而外，唤醒教育者和被教育者内在的潜能，唤醒他们内在的动力，引导他们自己思考与探索。

家长带着疑惑走进课堂，在践行中尝试探索结果背后的过程，"……雨齐老师说，结果不好一定是过程出了问题，在探索中我发现答案就在这里：孩子考前为什么焦虑呢？是因为练习错得太多。练习为什么错得多？是能力不足，读错了题目信息？或者答题书写不规范，还是受注意力不集中等问题的影响？"一位妈妈探索后惊喜地发现，在考后的情绪复盘中，用事实说话，调整自己的认知，让孩子看到焦虑背后的真相，从而把孩子的关注点转移到对学习过程和学习策略的优化上。找到对策，焦虑就会被淡化。

助教陈欣老师表示，"通过结果看过程，是我在本次沙龙里学到的最凝练、最接地气、最具操作性的一个方法。关注结果，尤其是不理想的结果，会让人变得很焦虑。转变思维，好奇过程，就会别有洞天。一味地关注结果的模式很可能在潜移默化中传递给孩子，当出现不理想的结果时，孩子就会推翻自己所有的努力、所有的付出，甚至怀疑自己的人格。好奇过程，就是一种成长型思维，于我们、于孩子，都大有裨益"。

在父母沙龙课堂上或学习群中，学校心理老师陈欣的分享就像一股清风，往往能带给家长新的视角。陈欣老师认为，培养孩子远远不只眼前的考试，要考虑孩子终身的发展，人生是场马拉松。她更能同理孩子，甚至有时直接站在孩子的角度表达自己的感受，让家长看到更真实的孩子。在学校心灵氧吧，陈欣老师是学生的"知心姐姐"。陈欣老师认为，每一个学生都是独特的，都有自己的闪光点。每一个学生都是渴望被欣赏的，作为心理老师，需要拥有一双敏锐的发现"美"的眼睛。

在父母沙龙课堂上，还常常看到校领导的身影。他们坐进教室，倾心聆听，这源于他们对学生心理健康，对家教共育的高度重视。杨宇主任全程的细心陪伴和支持，更是给了家长很多感动。所有这些，不正是经外耕耘教育的过程吗？

过程好，结果自然好。

过程是小结果，结果是大过程。

践行与成长

1分学，7分练，2分分享讨论。

父母沙龙课程尤其强调践行。在1+7+2学习模式中，学习的权重只占10%。

网络时代的我们，可能有很多碎片化学习，如果只是学习，没有练习和实践，改变是很难的。这也是父母沙龙一直推动大家践行练习的原因。

父母沙龙一周一次线下课，课后学员有更多的时间去践行。等回到课堂，雨齐老师再次为大家做点评，鼓励大家一起讨论。在这个过程中，反复让学员固化、内生，以确保家长们在离开课堂后依然能有比较好的感受，而不是

附录一 花开的声音——经外高中部首届父母沙龙侧记

"我学了，离开课堂后就忘了"。

我们有这样的经验：为了某场考试强记的内容，考试结束也忘得差不多了。为什么？因为记忆是思考的残余。所以，建议家长考虑给孩子适当的时间留白，而不是让培优填满孩子的时间，以至于孩子没有时间思考。现在考试重点考核学生的迁移能力，迁移来自哪里？学生对知识的思考。

一位妈妈分享自己践行的心路历程：

"在父母沙龙上下有许多的感动瞬间，让我醍醐灌顶的一次是在我向老师请教如何解决问题的时候。当时我觉得问题无法解决，带着情绪指责孩子，觉得委屈和烦恼。雨齐老师并没有如我所愿告诉我如何做，而是很耐心地让我践行课堂上学到的知识。当时我又急又怕，甚至有点愤怒，因为我只想快速解决眼前的麻烦，老师明明知道方法，却不告诉我。

"我作为家长，退无可退，只能硬着头皮上，一遍遍努力地回忆那些我能用上的知识。在这个过程中，老师给了我一些提示，并鼓励我在群里多分享。我战战兢兢、憷憷懂懂地面对那一次的问题，也许并不是特别成功，但我有了一些觉察，并在后来与孩子的几次沟通中渐渐找到一点方法。这时，老师看着我的眼睛，温柔地对我说：'好好践行，你的孩子很不容易，心疼孩子。'我心头一震，很受感动。此前，我也觉得自己心疼孩子，我回想在作业中自己曾经说过'我们家长让渡自己的一部分给孩子'的话，更是感受颇深。我曾经认为孩子考不好是因为他不够努力，还说过孩子总是不能体谅父母……此时，我才开始真的心疼孩子。我在践行的过程中慢慢感受到孩子的艰辛。如果没有按照老师说的做，我是不能如此明白'心疼'二字的内涵的。"

一位性格内敛的学员（爸爸）作业迟交了，并不是他不够努力。相反，他做了很多尝试，一直在坚持，寻求突破，践行中他勇于自我探索，不放弃、不畏难、不退缩的精神，赢得大家的强烈共鸣与热情点赞，让在场师生动容。在学习群中，他分享自己践行的感悟："我体会到学习一项新技能的不容易，而突破自己，面对镜头，更不容易，也对孩子学习的困难感同身受。"在视频片尾，他留了两句话：

很遗憾，我的作业迟到了。

但是，希望大家对孩子的爱，永远不要迟到！

家长坐回教室，重新成为学生，在学习过程中同理和体会孩子的感受，对孩子有了更多的理解，也学会了换位思考。相信家长觉知后再去践行，会更好地跟孩子们联结，成为孩子的支持者和陪伴者。

在父母沙龙课堂上，有一位"工科男"爸爸，在上完一次课后，买了一本《好的学习是快乐的》（本书修订前的版本）。他把适合家长阅读的部分圈出来跟妻子分享，把适合孩子读的部分圈出来跟孩子分享，孩子读过之后感叹："太厉害了，简直说到我心坎上了！这位作者是考试大师吗？"孩子一开始不知道，经外高中部学习咨询中心特聘专家张玉霞（雨齐）老师正是该书的作者，她在家庭教育、学生心理健康、学考赋能方向有自己的研究。

"工科男"爸爸分享："为什么这次父母沙龙带给我很大冲击，核心原因是我通过这个课程看到解决问题的希望或可能。父母沙龙通过不一样的视角，让我看到问题的出路。

"最早我是带着功利性（解决问题）的目的参与父母沙龙的。其实每个人都具备解决问题的能力，只是面具化、工具化、异化的时间太久，我们忘掉了自己的这个能力。父母沙龙通过让我们发挥主观能动性的方式，让我的这个能力在课堂上打开了。为什么强调交作业？因为没有主观能动性，就没有办法唤醒自己；不主动思考，就无法触动和成长。不把坚硬的外壳打开，外面的风是吹不进来的。

附录一 花开的声音——经外高中部首届父母沙龙侧记

"庆幸自己当初的选择，父母沙龙非常有价值，值得每一位家长参与。感谢经外创造性地为家长打造了这样一个助力父母学习成长的平台。"

越践行越惊喜。

学员分享

"在部分学校鏖战家长代理晚自习的时候，经外高中部悄无声息地开启了一场'智慧父母·成长沙龙'。家庭有困惑，老师有智慧，学校有觉察，这场相遇恰到好处。六节沙龙堪比一次对话体的创作，雨齐老师没有简单地罗列观点，而是用可操作性的方法一步步引导大家得出可以践行的结论。

"都知道'错误是可以提升能力的空间'，可是怎么做提升，怎么不让错误仅仅带来不好的情绪，雨齐老师给了非常有效的操作引导。'结果不如意一定是过程出了问题'这句话正是一个带着觉察就能执行的密码。

"……

"对我而言，分寸有度地坐在副驾驶的位置，是这次学习值得思考和完成的作业。我经常说，羡慕孩子们纯粹的学习氛围和时间，她的反馈并不热烈。直到通过这次沙龙把自己退回到高中时期，我才发现年龄在时间轴线上是能够感同身受的。同是一场旅行，我在副驾驶有没有勇气和底气，任她开错路？答案其实很明确，没有弯路，当下的体验是最重要的。过度责怪过去和急于奔向未来，都是对当下的束缚。

"如果我们臆想一劳永逸地走天下，孩子就不可能有构建知识的体系和处理问题的能力。兔子用胡萝卜永远钓不上鱼，要想真正理解孩子的学习，就踏实地再做一回真正的学生。"

"很喜欢雨齐老师的课，课后总让我沉浸在无尽的思考中。

"'平静地表达情绪，不带情绪地表达'，情绪稳定的背后要求父母学会接纳和包容，能接纳孩子的平凡，能包容他们的不足，允许孩子做自己。只有做到接纳，才能与孩子建立信任关系，进行有效交流和沟通；才能看见孩子真实的一面，做到有效协同，从而给孩子赋能。表面的情绪稳定容易做到，难的是真正地接纳和包容，这需要父母在生活中践行，能够做到知行合一。

"课堂上，老师从生活细微处入手，引导我们感知自己的情绪，洞察情绪背后真实的原因……总之，父母沙龙唤醒了我的觉知力，让我学会在生活中感知，看见问题，发现问题，然后不断地做出改变。"

"越来越喜欢父母沙龙课了。最初因为孩子住校，需要每周四晚上到学校，从心里感觉此刻离孩子好近。跨进校门时，我莫名地感到欢喜和激动。每次上完课，我都会偷偷溜到孩子教室门口看她一眼，有时候还叮嘱几句，然后满心欢喜地回家。

"随着对父母沙龙课堂的认识逐渐深入，我慢慢喜欢上课堂上的两位老师和所有家长，大家用共同的心愿聚在一起，彼此交流，这让我越来越放得开……我一定按雨齐老师的指导，做孩子正向的镜子，做孩子人生路上的引路人和陪跑人。"

"真的要感谢雨齐老师的授课，她让我反省、让我感悟：孩子是父母的一面镜子，怎样让镜子里的人好看，那就要外面的人活得精神气十足。所以，让孩子好，首先父母自己要做得好，让孩子有个好的参照物。"

"雨齐老师心疼的不是一个孩子，不是一对父母，她是心疼每个还没有

附录一　花开的声音——经外高中部首届父母沙龙侧记

学会如何解决问题、困在其中的人。她知道怎么做，但她不能直接告诉我们答案，只能启发、引导我们去践行学到的知识。不去实践，我们就会困在问题里，只知道答案却不能理解，不能感同身受，就不能让知道的答案活起来。她知道我们的困局，更想帮我们成长，但最能帮助我们的只能是自己，她不能代替我们成长。成长是痛苦的，困在里面也是痛苦的，但一个是涅槃的痛苦，一个是泥足深陷的痛苦；一个是陌生的，一个是熟悉的。只有自己探索才能度过这个过程。

"看着固执倔强、自以为是的人通过尝试犯错，理解成长真正的途径，这是老师拒绝直接给出答案的真正原因……突然发现，我们来父母课堂不是学习如何教育孩子的，而是学习如何自我成长的。"

…………

"经外高中部首届智慧父母·成长沙龙"结课了，这意味着"学"结束，"习"开启，而习＝践行，践行才是改变的契机。

通过父母沙龙，我们看到每个家长的坚持和努力，对自我成长的渴求，对家庭教育的看重，这其中隐藏的何尝不是父母对孩子深深的爱。

在父母沙龙教室里，桌上的鲜花、零食、饮品、墙角点燃的蚊香……还有满满的细节，醉了来人，暖了心扉。

通过父母沙龙，我们看到经外对孩子身心健康的重视，对家校共育的迫切，这是一种看向未来的长远眼光以及包容万物的教育情怀。

育全才，全面育才。

经外不仅精心呵护孩子的身心健康，还多维度培养学生的学科素养，设有"超常教育实验中心""数字资源实验中心""学习咨询中心"等助学中心，致力探索拔尖创新人才培养的新路径。

"天下之本在国，国之本在家"，"经外高中部首届智慧父母·成长沙龙"

犹如投入湖面的石子，必将激起层层涟漪。

结课仪式上，看到上台领取结业证书和获得奖状的"学生"脸上洋溢的笑容，我仿佛听见了花开的声音。

（撰文/父母沙龙学员　小满）

附录二

家长手记——学习是一辈子的事

  与张玉霞老师的缘分始于20多年前。1998年夏天，华中师范大学心理学院组织了一个短期心理培训班，我俩同班。当时我是《心理辅导》杂志的编辑，她是武汉市幼儿师范学校的心理学高级讲师、武汉市五一劳动奖章获得者。2000年9月，张老师被调到武汉外国语学校做专职心理辅导教师，是武汉市心理学科带头人。

  张老师爱思考、善表达，从事的是面向学生群体的心理辅导工作，这些都是我们杂志社所关注的。我向她约稿，她为《心理辅导》写了不少优质稿件。2005年《心理辅导》停刊，我和作者们的联系渐渐少了，其中不乏现在心理学界的大咖曾奇峰、吴和鸣、李孟潮等，我和张老师的联系自然也少了。

  后来，我的女儿上了武汉外国语学校，张老师是那所学校的老师。有一天，我想，去找找张老师吧。

  久别重逢的我们在她的办公室里叙旧，其间不时有学生来找她预约咨询，我也得以近距离了解她的工作。来找她咨询的学生带着各自的问题，包括学业压力、人际交往困惑、和父母的关系紧张等。张老师用她天性中的慈悲，以及心理工作者的专业素养——包容、接纳、同理等，帮助他们走过艰难时刻、迷茫时分。

我注意到，学生预约好，准备离开时，张老师一定会嘱咐学生，下次记得带试卷来。我有些好奇："你不是做心理辅导吗？怎么要学生带试卷来？"

她说："这是我正在潜心研究的一个方向——试卷分析。"

她告诉我，每次考试之后，前来咨询的学生最多。学生都是注重考试成绩的，他们的情绪问题大多与考试有关。负面情绪导致学习力损耗，学习困难自然容易在考试中受挫，成绩问题又显化为心理问题。这是一个循环。极少数学生的成绩不理想是因为学习态度有问题，大部分学生是想学好的。不过，他们的学习习惯、学习方法出了问题，再加上部分学生背景知识储备不足、情绪内耗、注意力不集中，虽然很认真、很努力，但常常事倍功半。

经验告诉她，学生的大部分心理问题与学习问题有关，学习问题解决了，心理问题就迎刃而解了。这是她与同行的不同之处，也是她解决学生心理问题的独门绝技。武汉外国语学校学生的压力较其他学校学生有过之而无不及，但很少有学生因为心理原因做出过激行为。不能不说，这与张老师独特的心理问题解决方法有关。

她通过给学生做试卷分析，帮助学生找到学习过程中真正存在的问题，比如注意力问题、学习方法问题等。她有针对性地帮助学生调整学习策略，促进学生学习力的提升和学习成绩的提高。学生体验到成就感，就会放下心中的冲突，可以说，解决学习力问题是解决学生心理问题的一种路径。与其他名目繁多的学习策略相比，×密码学习法无疑更具有针对性、操作性和实效性，这也是它广受欢迎的原因。

"试卷分析是迈进×密码学习法的第一步。"她说，"试卷是值得认真分

附录二 家长手记——学习是一辈子的事

析的。因为试卷上的那些×携带着大量信息。学生如果能正确解读试卷上的×，就能找到自己学习中真正存在的问题。做错会做的题暴露了学生在注意力、答题习惯和应试心态上的一些问题；还有不会做的题，可能是因为学生在学习过程和学习质量方面存在问题，遗漏了一些知识点，或者还没有熟练掌握解题思路和技巧，并受限于思维方式，无法进行知识迁移。根据这些，学生可以调整自己的学习方法，从根本上提高学习效率，提高对知识的熟悉程度。"

她会让每个来咨询的学生在考试后，认真填写她设计的试卷分析表，和学生一起分析问题，启发学生思考解决问题的措施。这个过程实际上是唤醒学生元认知的过程，帮助学生在自我分析、自我反思、自我提升中实现自我成长。我觉得张老师的方法很神奇，她将心理学引入学习策略指导，实现了认知科学和学习科学的完美结合。

张老师说："在辅导学生的过程中，发现学生的心理问题与学习问题的背后，都有父母的影子。父母的胜任力不够，用自己内在小孩的心智状态做孩子的父母时，家庭里就会发生角色错位、边界模糊的状况，产生各种各样的冲突，影响孩子的情绪和学业。在我看来，父母应该善于反思孩子试卷上的×与自己有什么联系。"

大多数家长都没有认真学习过如何做父母，甚至许多家长自身的成长都不够充分时，就匆匆当上了父母，沿袭错误的教育理念，在教育中带入自身的情绪，给孩子制造问题。张老师组织了武汉外国语学校的"父母课堂"，希望以团体辅导的形式，给家长普及先进的家庭教育理念，帮助家长发现自身的盲点，自我成长，厘清自己和孩子之间的界限，习得良好的沟通方式。

我自认为是一个有自我觉察力和自律性的妈妈，孩子对我的陪伴也比较满意，但有的时候，我也会心力不逮。张老师邀请我参加"父母课堂"，正好每周三晚上我会到学校里看看孩子，于是我欣然走进"父母课堂"，给自己充电。我很快就被那里的团体氛围吸引了。

温和而又犀利的语言、富有感染力的笑容，是张老师的魅力所在。她有多年积累的丰富经验，运用团体辅导以及心理剧技巧，设计了很多互动性的环节。通过心理剧等形式，她带动家长进行自我观照、自我觉察，追溯童年经历，发现自己内心情绪的按钮以及其产生的根源，通过自己和父母的关系，看到自己和孩子之间的相处模式。她鼓励家长先爱自己，让自己成长，才有能力同理孩子的感受，包容孩子的情绪和问题，用爱的语言表达自己的温和与坚定，放下对孩子的评判，减少孩子的情绪内耗，做孩子的有力支撑。

张老师的课堂给了我很多启示，我发现自己原来也有很多局限，在陪伴孩子方面也有一些盲点和误区，有极大的成长空间。"父母课堂"在她的主持下，成了一个温暖的团体。很多人相识于"父母课堂"，成了朋友。

女儿从武汉外国语学校毕业后，我离开了给我留下美好记忆的"父母课堂"。一些家长进入"父母课堂"，开始自我成长。"星星之火，可以燎原"，现在"父母课堂"的受惠者不仅限于武汉外国语学校的家长，任何想自我成长、改善亲子关系的家长都可以参与其中。张老师做了一件有功德的事，她为此付出了许多。她基本上没有休息时间，但她乐在其中。"父母课堂"让很多家庭的夫妻关系得到改善，婚姻质量得到提高，在良好的家庭氛围中，孩子的情绪内耗减少，这何其有幸。

随着"父母课堂"开办得越来越好，张老师把更多精力转向了×密码学习法的课程研发上。她阅读了大量的前沿认知科学书，汲取全球认知科学家最新的研究成果，将理论和自己的个案辅导、教学活动相结合，不断积累经验，完善课程。她还组建了由国内著名心理学家、华中师范大学教授刘华山领衔的课程研发团队。专家和一线名校名师的参与，使×密码学习法课程更

附录二　家长手记——学习是一辈子的事

具科学性、实践性、系统性，理论结构日趋完善，教学形式也越来越灵活。

受张老师的邀请，我作为课题组的一员再次走进她的课堂。在课堂上做课程记录与文字整理的同时，我也在重新认知学习这件事。她不仅想让学生了解如何应对考试，更想让学生知道如何有效地学习。

我看到了张老师对学习相关的知识如饥似渴，对学员全心付出，对课程精益求精，我深为感动。如果不是发自心底的热爱，是做不到这样全情投入的。如果在我的学生时代，有一位像张老师这样的老师告诉我要怎么学习，那该多好。

一切自有安排，如今来学也为时未晚，毕竟学习是一辈子的事。

参加×密码学习法课程的孩子是幸运的，他们不必自己摸索，他们可以少走很多弯路。若干年后，我们可能忘了曾经学过的具体知识，但是通过学习提升的学习能力会一直伴随我们。毫不夸张地说，×密码学习法课程是帮助大家拥有学习工具的工具。

在×密码学习法课程上，我听到了孩子们最真实的声音；感受了父母望子成龙、希望孩子自主独立，却不愿意或者不敢放手的犹豫；看到了不同个性、气质的孩子在学习中的不同表现，他们求知若渴，谋求改变，与老师、家长互相影响……

一切正在发生，每一个此刻，都是未来。

张老师说，她的心愿就是帮助孩子们通过学习×密码学习法，提升学习力和考试力，为未来的人生做充足的准备。

最后，分享一个小故事。

一个周末，我和张老师在我的工作室里小聚。下楼去吃午饭时，看到路边有一对年轻父母摇着绳子，一个八岁左右的小男孩在跳绳。爸爸一脸不情愿，妈妈左手摇绳，低头看着右手拿着的手机，而小男孩跳着绳，脸上有些紧张。

我只是看了一眼，正要继续往前走，张老师大声说："这情景好让人感动啊，爸爸妈妈一起陪儿子跳绳，多好啊。爸爸怎么不笑呢？爸爸的脸上如果再带一点笑容就好了。"

那位爸爸虽然有些尴尬，但还是笑了。

于是，我接着说了一句："其实妈妈也没有笑呢。"

"妈妈也没有笑啊？"张老师大声地说，"是啊，妈妈怎么不笑呢？老公陪着，儿子在这里运动，锻炼身体，一家人在一起，多好啊。爸爸都笑了，妈妈也笑笑。妈妈笑了，儿子一定会笑。"经她这么一逗，一家三口都笑了。

原本，他们在完成孩子老师布置的跳绳任务，但张老师的话让一家人开始享受其乐融融的亲子时光，男孩也跳得更放松、灵活了。

从完成任务到享受过程，从通过考试到自我成长，我们在学习时，不也需要转化观念吗？

在我眼中，张老师既是终身学习者，也是将教育使命内化到她生命当中的人。

有缘相识，甚幸。

附录三

让我们在正确的道路上前进
——×密码学习法学员分享

第一次分享

今天，主要讲讲我是如何用×密码学习法提升我的物理成绩的。

首先，是成长型思维的运用。初二开始学物理时，我的物理成绩不太好，没上过90分。学习并且坚持践行×密码学习法后，我的物理成绩基本没下过90分。心态影响态度，态度影响行为，行为影响结果，我的进步与我的心态密切相关。

×密码学习法让我有了良好的心态。以前我会因为物理成绩不是很好而沮丧。学了成长型思维后，我就想：我有关物理学习的大脑神经回路可能还没有连接起来，我可以的。在物理学习上建立自信，考出比上一次更高的分数，我就对自己说，我还是很有潜质的。

其次，我的很多同学都会做很多物理练习题，包括老师给考试成绩低于90分的同学额外布置的练习题。我曾经认为自己理解了物理的公式、定理后，就不需要再多做练习题了。学了×密码学习法后，我知道了要多做题，对题目有所把握，总结解题思路和技巧。在初三上学期，我做了很多物理练习题，总结出了相当一部分答题模板。比如，我将数学中"知二求二"的模板转化成了物理热量题的答题模板，还将分析电路的步骤和方法也总结出来了。

最后，是关于错题的复盘。我以前以为把错题弄懂了就行。学了×密码学习法后，我才意识到，做错题的原因可能是知识结构不完整，需要巩固相关的知识点，提高对知识的熟悉程度。我学会在错题旁边标注"会做却做错的"或者"不会做的"，有没有巩固相关的知识点和答题模板。另外，我有自己想不明白的问题时，就去问物理老师。物理老师发现我去问问题很欣慰，会给我讲得很详细。

很感谢×密码学习法对我的帮助，使我的物理成绩得到提高。

另外，我还要补充一点。物理成绩越来越好后，我渐渐相信我也绝对有能力将其他学科学得更好。初三开始学化学时，我的成绩并不理想，我开始将×密码学习法中的方法应用到化学学习中。我基本上给每一个知识点都做了对应的思维导图，并且将错题总结写在思维导图的留白处。平时将该背的知识点都背下来，遇到不懂的地方就去问化学老师。虽然我的化学成绩目前仍然不太理想，但我相信，这套方法一定能帮我把化学学得越来越好。我对学习会越来越得心应手，我自己也会变得越来越好。

第二次分享

（中考结束后）

我觉得×密码学习法给我的改变主要有两点：一是改变了我的心态，二是改变了我的学习方法和学习流程。

附录三　让我们在正确的道路上前进——×密码学习法学员分享

初二暑假，我开始学习×密码学习法。之前我虽然成绩还不错，但是特别在意分数，以及在班级和年级的排名。上了初二，我的成绩就不那么稳定了。被同学赶超后，我产生了嫉妒心。我很努力，所以开始因为成绩不稳定而焦虑、迷茫。学了×密码学习法后，当我再看到试卷上的×时，我真的不那么焦虑了。这套学习策略对我有很大帮助，我可以清晰地看到自己前进的方向。每当我看到×时，我就会思考，为什么这里会出现问题，有问题之处就是有提分空间的地方，这样想我就会心安，不再焦虑了。而且，我发现分数不是单一因素的结果，而是由平时学习、考试中不同环节的各种因素共同作用形成的。只关注结果不对，关注别人的分数更不对，关注自己的进步才能让学习变成良性竞争。这一点于我非常受用。我初三的元月调研考试成绩虽然不太理想，但我心态平稳，以悦纳的态度对待自己试卷上的×。

我们的数学考试通常在下午两点，从宿舍走到教室要十分钟。有一次，在去教室考试的路上，我和同学边走边讨论问题，发生了争执。进了教室后，我赶紧平复自己的心情，虽然有一部分精力消耗在争吵上，但考得还算正常，会做的题都做对了。考前，我想的是：张老师说过，我们不能决定考试前或考试时会出现什么我们意想不到的状况，但我们可以对自己的知识结构和应试技巧有足够的信心，我平时的功夫到位，这场考试我就不怕。不过，我还是得说，人的注意力是很容易分散的，人际关系尤其会影响我们集中注意力，要和同学搞好关系。

×密码学习法真的可以让我们通过现象看本质，帮助我们调整学习流程。

以数学为例。我在数学课堂上用×密码学习法，学习效率提高了很多。以前老师的讲题速度较慢，或者老师讲的是我会做的题，我就不想听了。学了×密码学习法后，我才开始关注差异点、失分点，听老师的解题思路和推理过程，看老师是怎么思考的。这样的听课方式调动了我的学习积极性，让我收获更多，上课时我的注意力也更集中了。

在数学考试中遇到稍难的题，我就会去找它所考查的知识点和它的解题思路，做一些同题型的题。有了题感后，写出这类题的正确答案就水到渠成了。我还会将做不出来的题积累到错题本上，我渐渐发现，题干中看似毫不相干的几个已知条件其实是可以联系起来的，一道题可能会考查好几个知识点。比如，四点共圆、平移、特殊三角形之间是有关系的，我们需要明白其中的关系才能解题。

通过上×密码学习法课程，我减少乃至消灭了会做却做错的情况。做数学大题或难题时，我可以凭借熟练掌握的知识，更快地找到清晰的解题思路，做题效率逐渐提高了，也能在考试中得满分。

在物理、化学的学习过程中，×密码学习法也很实用。初二时，我的物理成绩不理想，初三时，我的化学成绩不理想，碰到错题时，我就会找到规律，建立自己的答题模板，练就了火眼金睛。考试时，能看出每道题属于哪种题型。碰到没有做过的题，我也不会慌，弄清解题方法，添加到知识框架里，下次就熟悉了。

心态影响态度，态度影响行动。因为对试卷上题的对与错抱有相对理性的态度，初三老师布置海量的练习题时，我没有排斥，而是认为做到就是赚到。没有情绪内耗，就会专注地做题。

在学政治的过程中，我会用网状思维导图整理知识点，平时记一记，可以达到事半功倍的效果。

在背英语单词时，我也意识到记忆要讲究方法。用词根词缀法、造句法等背单词，经常复习，让我受益匪浅。

我现在还会利用×密码学习法提前自学高中化学知识，定时复习，让记忆更牢固。

附录三　让我们在正确的道路上前进——×密码学习法学员分享

第三次分享

（赴新加坡莱佛士书院高中部求学前，分享参加辩论赛的心路历程）

大家好，我应老师的要求做一个关于我参加辩论赛时运用×密码学习法的分享，我也将这次分享当成"费曼学习法"的应用和×密码学习法的思维同化过程。

第一，我们要用成长型思维面对错误和冲突。

我先讲讲在参加辩论赛的过程中，我是如何面对错误的。在前期写稿阶段，我找老师帮我看了看稿子。他指出了相当多的错误，而且他好像觉得我写得非常差，漏洞百出。当时，我其实挺想放弃的，也很沮丧，心里想："哎呀，我怎么这么差呢，为什么人家那么厉害。"后来，我开始利用×密码学习法的思维思考，告诉自己："这只是前期准备阶段，在这个阶段暴露错误太及时了，现在不改，对手就会在辩论赛中将它们都指出来，我应该感谢我的老师。"我特别认真地查资料，改正老师提到的每个问题，并将句子变得更加完美。在辩论的时候，对手果然没有找到我的漏洞，这让我看到，面对错误时有正确的态度是非常重要的。

另外，每一场辩论结束后，裁判都会根据我们各个环节的发言进行总结，判定谁输谁赢。比赛结果公布后，我还会专门问一下裁判对我方发言的建议，比如我们的发言中有没有需要调整顺序的句子；在交替提问环节中，怎样在提问中获取有利的信息；等等。裁判会说出我们输在哪里、赢在哪里，哪些地方做得好，哪些地方有漏洞，我们的哪些漏洞是对方没有找到的，这些对我们来说都是很好的资源。每次上午的比赛结束后，很多同学会展开社交活动，聊天或者玩。我认为时间宝贵，就和我的搭档跑到一个教室里，针对性地研究裁判指出的问题，根据裁判的建议改正不足之处。这样做对我们的帮助特别明显，我们进了半决赛。虽然我们在那场比赛中输了，但是我们在几个辩论点上是赢了的，其中一个攻防点就是那天中午做的。而且，结合之前比赛中存在的问题，我在半决赛前一天晚上查到了很多有用的资料，在赛场上几次给对手有力的反击。

关于以成长型思维面对冲突，我非常感谢张老师，她会有意地引导大家思考：如果有人批评我们，或者非常生气、非常激动地指出我们的缺点，给我们提出建议，我们应该怎样做。我记得，当时张老师告诉我们，正确的做法应该是无论满不满意、生不生气，都要先按照对方的建议试着做一下。比如，我的搭档有的时候会对我说，你就应该怎么说，你某个地方做得不好。我也算一个比较强势的人，会对他给我提出强制性的要求不太满意。但是我会想，既然他给出了建议，那我就试着做一下，说不定有用呢？就算没有用，我也可以等比赛结束，再和他理论。比赛的过程中，我有时就会按照他的建议说。他的一些建议还是非常有价值的。如果我按照他的建议做了，但是效果不好，裁判就会帮我们指出来，他就会意识到了。我觉得，在面对冲突或者亟待解决的问题时，暂时听劝还是挺有用的，这样的成长型思维对我的帮助很大。

第二，运用结构化思维。

结构化思维是三曲九环法的指导性思维，经过实践，我认为，在我思考的时候，结构化思维是非常有力的思维工具。比如说我们在进行反驳或者是在最后进行总结的时候，要说到很多要点，每当这时，我就会将要点归类。比如，将要点分为对方立论和我方立论、对方的反驳和我方的反驳等。这样我的语言就会主次分明，非常有序。写发言稿时，我也会先准备好要点，厘清叙述顺序和要点之间的逻辑关系，构建一张思维导图，以保证逻辑清晰，大家也能听得很明白。

接下来，我谈谈对 × 密码学习法比较感性的领悟。

附录三　让我们在正确的道路上前进——×密码学习法学员分享

第一是关于过程。我发现裁判根据我们在每场发言中说的每一句话来评判整场比赛，所以在每场辩论赛上，大家关注的都是过程，因为过程决定了结果，过程决定了输赢。我们的发言，甚至前期的准备，都影响着每场比赛的结果。×密码学习法的思维就是引导我们关注过程的，这一点非常好。真的没必要为眼前的小失败气馁，我们都是在为了最终的大目标奋斗。

第二是关于重复。我是一个非常喜欢问问题的人，在赛后，我问一位非常资深的辩手，怎样提高辩论水平，是自己锻炼思维，还是有其他的方法呢？他是英中辩论社社长，他告诉我，方法就是多参加辩论赛，经历得多了，思维能力自然就会提高。我发现，这正好印证了×密码学习法中提到的一个脑科学理论：大脑喜欢重复。在重复做某件事后，大脑里相应的神经突触自然就会变粗。俗话说，熟能生巧。通过科学的重复，我们就可能将事情做好。

在比赛中，我也看到了自己的一些缺点和不足，在这里，我就不赘述了。通过参加这次辩论赛，我发现×密码学习法中的思想的确非常先进，而且能给人带来正能量，让我们在正确的道路上前进。非常感谢张老师。

我的分享就到这里，希望对大家有所帮助，谢谢。